AF825442

EJERCICIOS DE SISTEMA FINANCIERO ESPAÑOL

© Copyrigth by Fernando Pampillón Fernández
Madrid, 1996

Distribuidor: DYKINSON, S. L. Meléndez Valdés, 61 - 28015 Madrid
Teléfonos 544 28 46 - 544 28 69

ISBN: 84-8155-134-1
Depósito Legal: M-4537-1996

Impreso por:
JACARYAN, S. A.
Avda. Pedro Díez, 3
28019 Madrid

Fernando Pampillón Fernández

EJERCICIOS DE SISTEMA FINANCIERO ESPAÑOL

MADRID
1996

INDICE

Págs.

SIGLAS UTILIZADAS:

AA.PP.	=	Administraciones Públicas.
AB	=	Ahorro bruto.
AC	=	Activos de caja.
AIAF	=	Asociación de Intermediarios de Activos Financieros.
ALP	=	Activos líquidos en manos del público.
ANT	=	Adquisición neta de terrenos.
BE	=	Banco de España.
C	=	Coeficiente de caja.
CE	=	Comunidad Europea.
CEBEs	=	Certificados del Banco de España.
CECA	=	Confederación Española de Cajas de Ahorros.
CCCNMV	=	Comité Consultivo de la CNMV.
CF	=	Capacidad de financiación.
CNMV	=	Comisión Nacional del Mercado de Valores.
DEM	=	Marco alemán.
DGS	=	Dirección General de Seguros.
DGTYPF	=	Dirección General del Tesoro y Política Financiera.
E	=	empleos.
EC	=	Entidades de crédito.
ECAOL	=	Entidades de crédito de ámbito operativo limitado.
ESP	=	peseta.
FBC	=	Formación bruta de capital.

FIAMM	=	Fondo de Inversión en Activos del Mercado Monetario.
FIM	=	Fondo de Inversión Mobiliaria.
ICO	=	Instituto de Crédito Oficial.
IF	=	Instrumento/s financiero/s.
JCS	=	Junta Consultiva de Seguros.
MIBOR	=	Tipo de interés del mercado interbancario de Madrid.
mm.	=	miles de millones.
NF	=	Necesidad de financiación.
R	=	recursos.
RP	=	recursos propios.
SB	=	Sistema bancario.
SME	=	Sistema Monetario Europeo
TNC	=	Transferencias netas de capital.
USD	=	Dólar estadounidense.

INTRODUCCION

Esta colección de ejercicios nace con el fin de facilitar a los alumnos de la asignatura Sistema Financiero Español, de cuarto curso de las carreras de Ciencias Económicas y Empresariales de la UNED, un mejor conocimiento de esta materia.

Es un primer paso dentro de un proyecto más amplio que, con una lógica continuidad, confiamos va a ser ampliado en el futuro. No se trata, por tanto, de un material didáctico cerrado sino que debe ser perfeccionado en años venideros. Está pensado y va dirigido a nuestros alumnos y son ellos los que nos señalarán sus defectos y virtudes; ello nos permitirá corregir los aspectos negativos e ir intensificando los positivos. Las precisiones y observaciones que nos envíen serán de enorme interés para proseguir el camino aquí iniciado.

Para facilitar la preparación de la asignatura se han seguido las líneas generales del libro básico: *Manual de Sistema Financiero Español,* octava edición, de los profesores Alvaro Cuervo, Rodríguez Sáiz, Parejo Gámir y Calvo Bernardino. No obstante, en algunos casos ha parecido conveniente concentrar en uno los temas que tienen una cierta homogeneidad. Tal es el caso del de las entidades de depósito, Banca, Cajas de Ahorros y Cooperativas de Crédito y el de los mercados de capitales.

Las preguntas y las respuestas aparecen separadas en sendos bloques con el fin de que los alumnos hagan un esfuerzo personal de deducir o elaborar por si mismos las contestaciones correctas. De esta manera cuando las comprueben podrán contrastar y complementar sus conocimientos, valorando si es preciso proceder a una nueva lectura o estudio de la parte teórica.

También dentro de cada tema se ofrecen dos partes: la primera, de carácter objetivo, recoge preguntas propuestas en exámenes de cursos anteriores, aunque convenientemente adaptadas a la situación actual. La segunda plantea una serie de ejercicios prácticos que, con posterioridad, se resuelven junto con explicaciones que inciden en los planteamientos teóricos.

No me resta sino expresar mi agradecimiento a los profesores de la asignatura, Angel F. Bustarviejo Herrera con quien he podido discutir cuestiones puntuales y Marta de la Cuesta González que tuvo la amabilidad de leer el original e indicarme puntos confusos o incorrectos. Debo señalar asimismo que ambos han elaborado pruebas objetivas y que muchas de ellas fueron sometidas a discusión antes de ser propuestas en las pruebas personales. Casi resulta obvio señalar que esa valiosa ayuda no les supone responsabilidad alguna en los errores cometidos que deben ser anotados en mi cuenta.

Madrid, diciembre de 1995

EJERCICIOS PROPUESTOS

TEMA 1:
Conceptos básicos

PRUEBA OBJETIVA

1. **Los instrumentos financieros son:**
   a) Instrumentos de transferencia de fondos.
   b) Instrumentos de transferencia de riesgos.
   c) Un pasivo para el emisor y un activo para el tenedor.
   d) Son válidas todas las respuestas anteriores.

2. **Los instrumentos financieros:**
   a) son instrumentos de transferencia de fondos y de riesgos.
   b) En términos de economía cerrada, permiten incrementar la riqueza de un país.
   c) son un activo para el emisor y un pasivo para el tenedor.
   d) Todas las respuestas anteriores son válidas.

3. **La liquidez de un instrumento financiero viene medida por:**
   a) la solvencia del emisor.
   b) Por la gran facilidad y certeza de realizarlo a corto plazo sin sufrir pérdidas.
   c) Por su alta rentabilidad.
   d) Las respuestas *a)* y *b)* son correctas.

4. Un instrumento financiero es tanto más rentable:

a) cuanto menor es su riesgo y su liquidez.
b) cuanto mayor es su riesgo y su liquidez.
c) cuanto mayor es su riesgo y menor su liquidez.
d) cuanto menor es su riesgo y mayor su liquidez.

5. Elija la alternativa correcta resultante de ordenar de *mayor a menor liquidez* los siguientes instrumentos financieros: depósitos de ahorro (DA), obligaciones de sociedades privadas negociadas en mercados organizados (OSA) y créditos bancarios (CB).

a) DA, CB y OSA.
b) DA, OSA y CB.
c) OSA, DA y CB.
d) No pueden ordenarse ya que CB no es realmente un instrumento financiero.

6. Elija la alternativa correcta:

a) Los intermediarios financieros adquieren instrumentos financieros (IF) con el fin de revenderlos sin proceder a su transformación.
b) Los comisionistas (o «brokers») obtienen su remuneración por la diferencia entre los precios de venta y de compra de los IF que negocian.
c) Los mediadores (o «dealers») compran y venden IF sin crear otros nuevos.
d) Son válidas todas las respuestas anteriores.

7. La característica fundamental de un intermediario financiero bancario es que:

a) Uno de los pasivos que genera es dinero.

b) Adquiere activos que transforma en otros más adecuados para los ahorradores últimos.
c) Opera como «dealer».
d) Opera como «broker».

8. Los intermediarios financieros bancarios:
a) Pueden crear dinero.
b) A diferencia de los intermediarios financieros no bancarios, transforman activos financieros primarios en instrumentos financieros indirectos.
c) En la actualidad se consideran como tales a las entidades de crédito, incluidas las ECAOL.
d) *a)* y *c)* son correctas.

9. Los mercados secundarios:
a) Aportan financiación al emisor.
b) Facilitan la colocación de activos financieros en los mercados primarios.
c) Las transacciones realizadas en ellos suponen, para el emisor, un simple cambio de tenedor del título.
d) Son válidas las respuestas *b)* y *c)*.

10. En un mercado directo pueden intervenir:
a) «Brokers».
b) «Dealers».
c) Sociedades de Arrendamiento Financiero («leasing»).
d) Son correctas *a)* y *b)*.

EJERCICIOS

1. De acuerdo con las características de los instrumentos financieros (IF): liquidez, seguridad[1] y rentabilidad, ordene de mayor a menor los siguientes:

a) Depósito a la vista.
b) Depósito a plazo de un año.
c) Bono del Tesoro.
d) Obligación de una empresa no financiera, con vencimiento en el año 2000, sin cotización en un mercado secundario.

2. Ponga un ejemplo de cada uno de los siguientes tipos de instrumentos financieros:

a) Directo e indirecto.
b) Público y privado.
c) Nacional y extranjero.
d) Emitidos singularmente y en serie.
e) Con cupón periódico, cupón cero y al descuento.
f) De renta fija (con interés fijo y variable) y de renta variable.
g) A corto, medio y largo plazo.
h) Con garantía personal y real.

3. Explique y ponga un ejemplo de los siguientes tipos de mercados financieros:

a) Primario y secundario

---

[1] El término seguridad resulta menos confuso que el de riesgo, de mayor uso, ya que en este caso sólo se refiere al de crédito, cuando en realidad el concepto general de riesgo abarca otros, entre ellos el de mercado, estrechamente ligado a la liquidez.

b) Monetario y de capitales
c) Directo (de búsqueda directa, de subasta y con intervención de especialistas) e indirecto o intermediado.

4. Explique y ponga un ejemplo de las siguientes operaciones que se realizan en los mercados financieros:
a) Al contado y a plazo.
b) Operaciones a plazo: a medida y normalizadas.
c) Operaciones a plazo: liquidación con entrega y por diferencias.
d) Simples y dobles.

TEMA 2:
La estructura actual del Sistema Financiero Español

PRUEBA OBJETIVA

1. Las Sociedades de Garantía Recíproca dependen:

a) Directamente del Banco de España.
b) Directamente de la Dirección General del Tesoro y Política Financiera.
c) Conjuntamente de la Dirección General del Tesoro y Política Financiera y del Banco de España.
d) De la Comisión Nacional del Mercado de Valores.

2. Los Fondos de Inversión Mobiliaria:

a) Son entidades de depósito y crédito.
b) Dependen de las Bolsas de Valores que se encargan de supervisarlos.
c) Son instituciones de inversión colectiva dependientes de la CNMV.
d) Cuando invierten en Deuda Pública son controlados por la Dirección General del Tesoro y Política Financiera.

3. Las Cajas Rurales:

a) Son instituciones financieras dependientes de la CECA (Confederación Española de Cajas de Ahorros).
b) Son entidades de crédito pero no de depósito.

c) Son cooperativas de crédito dependientes del Banco de España y de las Comunidades Autónomas.
d) Dependen del Banco de España y su órgano consultivo es la CECA.

4. Una Entidad de Financiación:
a) Capta del público fondos a la vista.
b) Es una ECAOL.
c) Son correctas a) y b).
d) Es una entidad de depósito de ámbito operativo limitado.

5. Las Sociedades de Capital-Riesgo:
a) Son entidades de crédito de ámbito operativo limitado.
b) Están constituidas por un fondo patrimonial administrado por una sociedad gestora.
c) Dependen de la Dirección General del Tesoro y Política Financiera.
d) Son correctas todas las respuestas.

6. De la Dirección General de Seguros dependen:
a) Las entidades aseguradoras y las gestoras de fondos de pensiones.
b) Las entidades aseguradoras y las gestoras de fondos de pensiones y de inversión.
c) Las entidades aseguradoras.
d) Las entidades aseguradoras, las gestoras de fondos de pensiones y las sociedades de capital-riesgo.

EJERCICIO

Una de las posibles aproximaciones a un Sistema Financiero la constituye el estudio del soporte institucional (mercados y entidades) que facilita y canaliza los flujos financieros desde los agentes que tienen capacidad hacia los que la necesitan. La comprensión de todo este entramado de instituciones y de su funcionamiento requiere un conocimiento de las diferentes entidades, características y relaciones que mantienen con los órganos encargados de su vigilancia.

Con el fin de lograr una mejor comprensión de la estructura actual del Sistema Financiero Español y de la actividad que realizan las instituciones que lo conforman, se propone la realización del siguiente ejercicio:

1. De las siguientes instituciones, señale:
   1) Si son o no entidades de crédito (EC) o ECAOL.
   2) Cuál es el órgano ejecutivo o de control del que dependen.
   3) Su órgano consultivo, caso que lo tengan.

      a) Instituto de Crédito Oficial (ICO).
      b) Fondos de Pensiones
      c) Sociedades de Capital Riesgo
      d) Bancos
      e) Entidades de Financiación
      f) Cajas de Ahorros
      g) Sociedades de Inversión Mobiliaria
      h) Sociedades de Valores
      i) Cooperativas de Crédito
      j) Sociedades de Garantía Recíproca

k) Agencias de Valores
l) Sociedades de Arrendamiento Financiero («leasing»).
m) Cajas Rurales
n) Fondos de Inversión Mobiliaria
ñ) Sociedades de Crédito Hipotecario
o) Sociedades de Seguros
p) Sociedades Mediadoras del Mercado de Dinero (SMMD).

TEMA 3:
Los flujos financieros de la economía española

PRUEBA OBJETIVA

1. Despreciando los ajustes de las cuentas de capital y financiera:

a) AB – FBC – ANT + TNC = Capacidad (+) o necesidad (–) de financiación = variación neta de activos financieros - variación neta de pasivos financieros.

b) AB + FBC – ANT – TNC = Capacidad (+) o necesidad (–) de financiación = variación neta de activos financieros - variación neta de pasivos financieros.

c) AB + TNC – FBC – ANT = Capacidad (+) o necesidad (–) de financiación = variación neta de pasivos financieros - variación neta de activos financieros.

d) AB + TNC - FBC - ANT = Necesidad (+) o capacidad (–) de financiación = variación neta de activos financieros - variación neta de pasivos financieros.

COMENTARIO PRACTICO

En el cuadro total de sectores de las Cuentas de Capital y Financiera de la Economía Española que aparece en la página siguiente:

1. Calcule:
   a) La capacidad (CF) o necesidad de financiación (NF) de cada sector.
   b) El ahorro financiero neto de cada uno de los sectores.

2. Explique cómo se financian unos sectores a otros y en qué cuantía.

3. Indique, en cada sector, los tres activos y los tres pasivos financieros con mayor volumen de variación.

CUENTAS DE CAPITAL Y FINANCIERA (1994)
Total sectores

	Instituciones de crédito		Empresas de seguro		Administraciones públicas		Empresas no financieras y familias		Resto del mundo		Total	
	R	E	R	E	R	E	R	E	R	E	R	E
Cuenta de Capital												
S.4. Ahorro bruto	1060,0	—	89,2	—	-1480,8	—	12279,8	—	803,0	—	12751,2	—
11. Transferencias de capital	69,3	71,2	—	—	633,4	956,6	960,1	290,8	53,7	397,9	1716,5	1716,5
12. Formación bruta de capital	—	373,7	—	60,4	—	2446,7	—	9870,3	—	—	—	12751,1
13. Adquisición neta de terrenos	—	—	—	—	—	60,1	—	-59,9	—	—	—	0,2
S.5. Capacidad (+) o necesidad (-) de financiación	—	—	—	—	—	—	—	—	—	—	—	—
T. Total	1129,3	1129,4	89,2	89,2	-847,3	-847,3	13239,9	13239,9	856,7	856,7	14467,7	14467,8
Ajuste cta. de capital/cta. financiera	—	—	—	—	—	1,1	—	-1,1	—	—	—	—
Cuenta Financiera												
Ahorro financiero neto	—	—	—	—	—	—	—	—	—	—	—	—
Variación neta de activos financieros	—	3519,6	—	1675,4	—	318,5	—	9032,1	—	-174,9	—	14370,7
Variación neta de pasivos financieros	2835,1	—	1646,6	—	4628,1	—	5894,6	—	-633,7	—	14370,7	—
1. *Oro y posición organismos interna.*	—	-46,2	—	—	—	—	—	—	-46,2	—	-46,2	-46,2
1.1. Oro	—	—	—	—	—	—	—	—	—	—	—	—
1.2. DEG	—	3,3	—	—	—	—	—	—	3,3	—	3,3	3,3
1.3. Posición y créditos del FMI	—	-0,1	—	—	—	—	—	—	-0,1	—	-0,1	-0,1
1.4. Posición en el FECOM	—	-49,4	—	—	—	—	—	—	-49,4	—	-49,4	-49,4
2. *Efectivo y depósitos transferibles*	87,1	189,8	—	14,9	27,1	-1384,0	—	1351,6	51,1	-7,0	165,3	165,3
2.1. Efectivo y depósitos en pesetas	77,3	148,9	—	4,7	27,1	-1384,0	—	1346,0	—	-11,2	104,4	104,4
2.2. Efectivo y depósitos en moneda extranjera	9,8	40,9	—	10,2	—	—	—	5,6	51,1	4,2	60,9	60,9
3. *Otros depósitos*	834,7	-4382,9	0,2	703,1	-0,9	297,7	-18,8	2048,1	-1765,6	979,1	-950,3	-950,3
3.1. Otros depósitos en pesetas	1206,0	-3076,9	0,2	702,5	-0,9	-297,7	-18,8	1993,1	-620,0	1245,5	566,5	566,5
3.2. Otros depósitos en moneda extranjera	-371,3	-1306,0	-	0,6	—	—	—	55,0	-1145,5	-266,4	-1516,8	-1516,8
4. *Valores a corto plazo*	—	1177,8	—	53,4	974,2	-27,6	-306,2	-376,0	—	-159,6	668,0	668,0
5. *Obligaciones*	342,9	3581,1	—	745,5	1795,2	25,4	-74,2	605,2	62,4	-2830,9	2126,3	2126,3
6. *Valores de renta variable*	1576,8	418,8	28,6	67,5	—	207,9	1211,1	1593,0	612,9	1142,2	3429,4	3429,4
6.1. Acciones	352,0	408,5	28,6	58,6	—	91,6	914,2	283,5	506,4	959,0	1801,2	1801,2
6.2. Participaciones en fondos de inversión	1224,8	10,3	-	8,9	—	—	—	1203,0	—	2,6	1224,8	1224,8
6.3. Otras participaciones	—	—	—	—	—	116,3	296,9	106,5	106,5	180,6	403,4	403,4
7. *Créditos*	475,6	2819,5	29,2	71,4	1630,5	617,5	3511,6	1288,1	-149,1	701,3	5497,8	5497,8
7.1. Créditos en pesetas	249,0	2866,5	29,2	71,4	1040,4	617,5	3849,2	1306,5	-158,1	147,8	5009,7	5009,7
7.2. Créditos en moneda extranjera	-40,4	-301,3	—	—	641,2	—	-337,6	20,0	9,0	553,5	272,2	272,2
7.3. Valores no negociables	267,0	254,3	—	—	-51,1	—	—	-38,4	—	—	215,9	215,9
8. *Reservas técnicas de seguro*	-281,2	—	1603,1	11,5	—	—	57,5	1375,8	7,7	—	1387,3	1387,3
9. *Otros*	-200,8	-238,3	-14,5	8,1	202,2	1177,0	1513,4	1146,3	593,0	—	2093,1	2093,1

R = Recursos (ingresos y variación neta de pasivos financieros) y E = Empleos (gastos y variación neta de activos financieros).

TEMA 4:
Banco de España y Mercado de Divisas

PRUEBA OBJETIVA

1. **Los movimientos de capital en España se hallan, con carácter general:**
   a) Liberalizados con los países de la CE.
   b) Regulados cuando se dirigen a países ajenos a la CE.
   c) Liberalizados con todos los países del mundo.
   d) Sometidos a autorización previa cuando su volumen supera los 1.500 millones de ptas.

2. **La plena liberalización de los movimientos de capital en España:**
   a) Supone la anulación de restricciones a los movimientos físicos de billetes y divisas con cualquier país del mundo.
   b) Prohíbe establecer limitaciones de manera transitoria.
   c) Incorpora mecanismos para el conocimiento estadístico de las operaciones.
   d) Son válidas las tres respuestas.

3. **En la actualidad el Tesoro puede pedir anticipos al Banco de España:**
   a) Sin interés, hasta el 12 por 100 del total de los gas-

tos anuales autorizados a la Administración Central y Organismos Autónomos.

b) Igual que en *a)* pero con interés.

c) Sin interés y sin límite alguno a lo largo del año pero con la obligación de cancelar al final del ejercicio la cantidad que exceda del saldo existente al final de 1989.

d) No es válida ninguna de las respuestas anteriores.

4. La posición en moneda extranjera de las entidades registradas:

a) Es abierta cuando la suma de sus activos no coincide con la de sus pasivos.

b) Es larga cuando la suma de los activos es menor que las de los pasivos.

c) Puede ser determinada con absoluta libertad por ellas sin que existan límites máximos.

d) Son válidas las tres respuestas.

5. La *posición* en una divisa:

a) Es abierta cuando la suma de activos ($\sum A$) no coincide con la suma de pasivos ($\sum P$).

b) Es corta cuando $\sum P > \sum A$.

c) Es larga cuando $\sum A > \sum P$.

d) Son correctas las tres respuestas anteriores.

6. En el mercado de divisas:

a) A plazo, se compran y venden billetes extranjeros y divisas con entrega al día siguiente.

b) Al contado, una divisa puede estar «a descuento» o «a premio».

c) A plazo, se acuerda la entrega de divisas en un plazo superior a dos días.

d) Al contado se realizan compraventas de divisas con entrega o liquidación en el futuro.

7. En el mercado de divisas a plazo las operaciones:

a) Se liquidan al tipo de cambio vigente en el mercado al contado.

b) Se liquidan al tipo de cambio acordado con independencia del existente en el mercado.

c) Se liquidan a la contratación al tipo de cambio acordado.

d) Se contratan siempre al tipo de cambio al contado que es el que se utiliza luego en la liquidación.

8. En el mercado de divisas a plazo:

a) Se cubren los riesgos derivados de la fluctuación del tipo de cambio.

b) Las operaciones se liquidan al tipo de cambio pactado con independencia del resultante en el mercado al contado.

c) La fecha de liquidación se pacta libremente entre las partes.

d) Son válidas las tres respuestas.

9. Señale la alternativa correcta:

a) El Banco de España emite los billetes dentro de los límites fijados por el Gobierno para cada año.

b) El volumen de circulación fiduciaria se determina de acuerdo con las reservas de oro y divisas del país.

c) El Banco de España acuña la moneda metálica y la pone en circulación, junto con los billetes, dentro de los límites establecidos por el Gobierno para cada año.

d) El Banco de España, por si solo, determina la cuantía de billetes y monedas en circulación.

10. El Sistema Nacional de Compensación Electrónica:

a) Es un sistema de compensación y liquidación de operaciones representadas en anotaciones en cuenta.
b) Es un sistema complementario de las Cámaras de Compensación.
c) Es un sistema gestionado por el Banco de España que permite la compensación de medios de pago en los mercados interbancarios.
d) Las respuestas *b)* y *c)* son correctas.

11. El Banco de España como banco del Estado:

a) Puede financiarle directamente y prestarle el servicio financiero de la Deuda Pública.
b) Puede financiarle directamente y prestarle el servicio de tesorería.
c) Acepta emisiones directas de Deuda Pública y le ofrece el servicio de tesorería.
d) No es correcta ninguna de las respuestas anteriores.

EJERCICIOS

1. El Banco de España, con el fin de determinar la cotización oficial de la peseta, ha obtenido, en el día de hoy y tras las correspondientes llamadas a cuatro entidades participantes en el mercado de divisas, un cambio base del marco alemán (DEM) de 86,50 ptas. Por su parte el Bundesbank le indica que el tipo de cambio del marco con respecto al dólar USA. (USD) es de 1,40 DEM por dólar. ¿cuál sería la cotización oficial de la peseta (ESP) con respecto al USD?

2. Defina los siguientes conceptos:
a) Posición en una moneda.
b) Posición abierta y cerrada.
c) Posición corta y larga.

3. Explique los efectos que se derivan de la apreciación o depreciación de una moneda ante una posición cerrada o abierta —corta o larga— mantenida por una entidad registrada.

4. Con los siguientes datos respecto al dolar USA (USD) y al marco alemán (DEM):
— Tipos de cambio al contado (spot): 121,10 ESP/USD y 86,50 ESP/DEM;
— Tipos de interés:

- interbancario a seis meses de la pta.: 9,50% anual.
- idem en el euromercado del USD.: 5,70%
- idem del DEM: 4%

4.1. Calcular la cotización a plazo de ambas divisas[2];

4.2. Señalar si están a premio o a descuento.

---

[2] También se suele denominar seguro de cambio.

TEMA 5:
Política monetaria y Sistema Monetario Europeo

PRUEBA OBJETIVA

1. La base monetaria es la suma de:

a) El efectivo en manos del público y los depósitos del sistema bancario en el Banco de España.

b) La circulación fiduciaria y los activos de caja del sistema bancario.

c) El efectivo en poder del sistema bancario y los depósitos del sistema bancario en el Banco de España.

d) El efectivo en poder del sistema bancario y en manos del público.

2. Con los siguientes datos: base monetaria = 10; AC = 3; efectivo en poder del sistema bancario (SB) = 1; dep. a la vista y de ahorro del SB y Crédito Oficial = 30; dep. a plazo de todas las entidades de crédito = 18; participaciones de activos = 4; cesión temporal de activos = 14; valores públicos a corto plazo = 16; dep. en moneda extranjera = 4; empréstitos SB = 11; M3 será igual a:

a) 83

b) 82

c) 87

d) 103

3. De acuerdo con la definición de los agregados monetarios:

a) ALP2 = ALP + Pagarés de empresa no avalados en manos del público (m.p.).

b) M_2 = Efectivo en m. p. + depósitos a la vista + depósitos de ahorro.

c) ALP = $\frac{AC}{C}$ + Efectivo en m. p. + valores públicos a corto plazo en m. p. + pasivos de otras instituciones.

d) Son válidas las tres respuestas.

4. Con los siguientes datos monetarios del balance del Banco de España: activos frente al sector exterior = 15; activos frente al sector público = 11; otras partidas del activo = 2; circulación fiduciaria = 24; efectivo en manos del público = 19; activos sobre las entidades de crédito = 8; los activos de caja serían:

a) 12

b) 17

c) 36

d) 34

5. Señale la afirmación correcta:

a) Los AC son activos del Banco de España.

b) Los CBES son pasivos del Banco de España que utilizan las entidades de crédito como garantía en las operaciones de inyección de liquidez.

c) Los CBES son pasivos de las entidades de crédito que éstas utilizan como garantía en las operaciones de inyección de liquidez.

d) Los CBES son activos del Banco de España que

utilizan las entidades de crédito como garantía en las operaciones de inyección de liquidez.

6. **Con los siguientes datos: billetes en circulación = 12; depósitos del publico en el sistema crediticio: a la vista = 20; de ahorro = 22; y a plazo = 41; monedas en circulación = 2; depósitos del sistema bancario en el Banco de España = 3; y M_1 = 33. La base monetaria será:**
   a) 37
   b) 70
   c) 17
   d) 59

7. **Señale la alternativa correcta:**
   a) La Base monetaria está formada por el efectivo en manos del público y los AC.
   b) M_2 es igual a la suma de la oferta monetaria y los depósitos de ahorro en moneda nacional.
   c) M_1 es igual a la suma del efectivo en manos del público y del efectivo y los depósitos a la vista en moneda nacional del sistema crediticio.
   d) M_3 incorpora una serie de activos, entre ellos los instrumentos públicos a corto plazo, en firme en manos del público.

8. **Con los siguientes datos: Base monetaria = 80; AC =12; efectivo en poder del Sistema Bancario = 5; depósitos a la vista = 100; depósitos de ahorro = 110; depósitos a plazo = 220; M_2 será igual a:**
   a) 493
   b) 273

c) 163
d) 215

9. La subasta decenal de CBES:

a) Supone la compra por parte de las entidades de crédito de dichos certificados con el fin de cumplir el coeficiente de caja.
b) Supone la adquisición temporal de dichos Certificados por parte del Banco de España con el fin de inyectar liquidez al sistema.
c) Supone la adquisición temporal de dichos Certificados por parte del Banco de España con el fin de drenar liquidez al sistema.
d) Es una subasta restringida a las entidades creadoras de mercado.

10. Los instrumentos primarios que utiliza el Banco de España para la fijación a corto plazo de los tipos de interés son:

a) Subasta decenal de adquisición temporal de CBEs o de Deuda Pública.
b) Operaciones diarias de mercado abierto con Deuda Pública o CBEs.
c) Con las alternativas *a)* y *b)* y el apoyo en última instancia.
d) Compraventa de Letras del Tesoro de la cartera del Banco de España.

11. En el mecanismo de estabilización de cambios del SME.:

a) Los bancos centrales se comprometen a intervenir de manera ilimitada para mantener el tipo de cambio dentro de las bandas de fluctuación.

b) Los límites de fluctuación vigentes en la actualidad son el ±2,25 por 100, salvo para la peseta, libra esterlina y escudo portugués cuyos márgenes se sitúan en el ±6 por 100.

c) Los indicadores de divergencia han tenido un destacado papel en la coordinación de las Políticas Económicas.

d) *a)* y *c)* son correctas.

EJERCICIOS

1. La reducción del coeficiente de caja del 17 al 5 por 100, en febrero de 1990, vino acompañada de la adquisición obligatoria por parte de las entidades, de ese 12 por 100 liberado, en Certificados del Banco de España (CBES), por importe total de 3,3 billones de ptas. Los CBES están representados en anotaciones en cuenta, tienen un tipo de interés del 6 por 100 anual, se amortizan en cuotas semestrales crecientes desde marzo de 1993 hasta septiembre del año 2000 y no son negociables con el público.

   Trate de dar una respuesta a las razones de por qué se tomó esa medida y qué efectos ha tenido y tiene sobre las entidades de depósito.

2. En el último cuatrimestre de 1992 nuestras reservas exteriores de oro y divisas sufrieron una reducción cercana al 25 por 100 al tratar de mantener la cotización de la peseta dentro de la banda de fluctuación del SME. ¿Qué implicaciones tiene un hecho así para la política monetaria?

3. La reducción en diciembre de 1992 del coeficiente de caja en un punto y medio (del 4,5 al 3 por 100) y otro en el verano de 1993 lo sitúan en la actualidad en un 2 por 100. ¿Qué efectos generales se desprenden de estas medidas?

4. La Ley 13/1994 de uno de junio, de Autonomía del BE, prohíbe al Tesoro la obtención de facilidades crediticias de cualquier tipo o la colocación directa de títulos a ese Banco. Analice los efectos de esa medida sobre la política monetaria.

TEMA 6:
Mercados monetarios

PRUEBA OBJETIVA

1. Un instrumento financiero emitido bajo la fórmula de cupón cero supone:

a) El pago en la suscripción de una cantidad inferior al nominal y la percepción de éste a la amortización.
b) El pago en la suscripción del nominal y la percepción de éste más una prima en función del plazo a la amortización.
c) El pago en la suscripción del nominal y el cobro periódico de intereses y del nominal a la amortización.
d) Que se halla referenciado al MIBOR y se le suma un diferencial fijo.

2. El mercado interbancario es:

a) Un mercado monetario.
b) Un mercado al por mayor o mayorista.
c) Un mercado en el que, generalmente, sólo cruzan operaciones entidades de crédito y el Banco de España.
d) Las tres respuestas anteriores son correctas.

3. El mercado interbancario de depósitos:

a) Es un mercado mayorista al que sólo tienen acceso el Banco de España, entidades de crédito y grandes empresas.

b) En él los depósitos interbancarios son siempre transferibles, lo que explica la concentración de la operativa a corto plazo.

c) Es un mercado mayorista donde se negocian pagarés bancarios, certificados de depósito y bonos de caja.

d) El hecho de que una entidad esté fuertemente endeudada en él no lleva implícito que tenga problemas de solvencia.

4. Los depósitos interbancarios transferibles:

a) Son depósitos materializados en anotaciones en cuenta transferibles al público.

b) Son fondos públicos negociables entre entidades miembros del mercado.

c) Son activos emitidos por las entidades de crédito transmisibles entre ellas.

d) Ninguna de las anteriores es correcta.

5. Los depósitos interbancarios transferibles (DITS):

a) Son activos emitidos sólo por el Banco de España.

b) No pueden ser negociables en el mercado secundario.

c) Favorecen el alargamiento de los plazos de las operaciones.

d) Se emiten por ventanilla o por subasta, con tipo de interés explícito y son negociables con el público.

6. Los CBEs son activos:

a) Emitidos por el Tesoro como consecuencia de la importante reforma del coeficiente de caja de 1990.

b) Emitidos por el Banco de España que forzó su adquisición a las entidades obligadas a cumplir el coeficiente de caja.
c) Utilizados para instrumentar la política monetaria.
d) Son válidas las respuestas *b)* y *c)*.

7. Las Letras del Tesoro:
a) Son activos emitidos al descuento y representados en anotaciones en cuenta.
b) Son valores públicos opacos fiscalmente.
c) Su nominal es de 500.000 pesetas.
d) Las peticiones no competitivas de las subastas serán adjudicadas al mejor precio entre el ofertado y el precio medio ponderado.

8. Las Letras del Tesoro:
a) Son fondos públicos a medio plazo con interés implícito.
b) Son activos emitidos al descuento y a tipos de interés variable.
c) Son activos del mercado monetario emitidos por el Tesoro mediante subasta.
d) Son fondos públicos emitidos por el Banco de España.

9. En las subastas de Deuda Pública del Estado el precio de las peticiones competitivas es siempre el:
a) Ofrecido cuando es superior al mínimo.
b) Ofrecido cuando se halla comprendido entre el medio ponderado y el mínimo.
c) Medio ponderado.
d) Mínimo e igual para todos los oferentes.

10. En las subastas de Deuda Pública Anotada:

a) Se adjudican aquellas peticiones competitivas cuyo precio sea mayor o igual al mínimo aceptado.

b) Las peticiones no competitivas se adjudican al precio marginal resultante.

c) Todas las peticiones competitivas se adjudican al precio ofertado.

d) Se adjudica una parte al Banco de España y el resto a instituciones financieras y público en general.

11. Los bonos y las obligaciones del Estado se incluyen entre los títulos del mercado monetario por:

a) La posibilidad de crear activos a corto plazo mediante operaciones con pacto de retrocesión.

b) Su plazo de amortización.

c) Su forma de emisión.

d) Ninguna respuesta es correcta.

12. Las entidades gestoras de Deuda Pública anotada:

a) Sólo pueden actuar por cuenta propia y nunca por cuenta de terceros.

b) Actúan por cuenta de terceros y además, salvo excepciones, por cuenta propia.

c) Llevan las cuentas de quienes no están autorizados a operar a través de la Central de Anotaciones.

d) Son válidas *b)* y *c)*.

13. En el Mercado de Deuda Pública Anotada:

a) Los Titulares de Cuenta anotan en sus cuentas los saldos y operaciones de Deuda Pública de otras personas físicas y jurídicas.

b) El Banco de España goza de la condición de entidad gestora.
c) El mercado «ciego» o sistema de cotización centralizada se denomina de «segundo escalón».
d) Las Agencias de Valores pueden ser titulares de cuenta a nombre propio en la Central de Anotaciones.

14. Los pagarés de empresa son títulos:
a) Con garantía real.
b) De renta variable.
c) Emitidos por pequeñas y medianas empresas.
d) Que pueden negociarse en el mercado de la AIAF.

15. El mercado de la AIAF es un mercado:
a) No organizado y privado donde se negocia deuda pública y privada.
b) Secundario, organizado y privado donde se negocia renta fija y variable.
c) Secundario, organizado y privado donde se negocian títulos convertibles.
d) Secundario, organizado y privado donde se negocia renta fija privada.

16. Los títulos hipotecarios:
a) Son títulos de deuda pública.
b) Son valores de renta variable.
c) Son valores emitidos únicamente por el Banco Hipotecario de España.
d) Ninguna de las afirmaciones es correcta.

17. Señale la respuesta correcta:
a) Los bonos hipotecarios están garantizados por la

totalidad de los créditos hipotecarios de la entidad emisora.

b) Las cédulas hipotecarias están garantizadas expresamente por un grupo determinado de créditos hipotecarios.

c) Las participaciones hipotecarias constituyen cesiones a terceros de créditos hipotecarios de la cartera del emisor.

d) Ninguna de las anteriores es correcta.

18. Señale la respuesta correcta:

a) Los tenedores de bonos hipotecarios son, en todo caso, acreedores privilegiados con respecto a la totalidad de los créditos hipotecarios de la entidad.

b) La identificación de los créditos afectos a la emisión de cédulas hipotecarias debe venir expresada en escritura pública.

c) En bonos y participaciones hipotecarias la entidad emisora transfiere al adquirente el riesgo incorporado en los correspondientes créditos hipotecarios.

d) Las participaciones hipotecarias son las únicas inversiones permitidas a los fondos de titulización hipotecaria.

EJERCICIOS

1. En una subasta ordinaria de Letras del Tesoro a un año se presentan una serie de peticiones que una vez ordenadas dan lugar a la siguiente distribución:

1.1. *Competitivas*

	Precio (en %)	*Volumen (en mm)*
A	93,25	12
B	93	20
C	92,75	28
D	92,5	40
E	92,25	80
F	92	200
G	91,75	240
H	91,50	280

1.2. *No competitivas* 40

El Tesoro decide emitir por un importe total de 340 mil millones de ptas.

Se desea saber:

a) Cuál será el precio mínimo de adjudicación (precio marginal),

b) Qué peticiones (A, B, C, ...) se aceptarán, a que precios y cuáles quedarán sin cubrir.

2. Explique por qué existe una operativa anónima o ciega en el Mercado de Deuda Pública Anotada y no ocurre lo mismo en el mercado interbancario de depósitos.

TEMA 7:
Visión de conjunto de las entidades de crédito

PRUEBA OBJETIVA

1. **Señale la alternativa correcta:**
   a) Las entidades de crédito comunitarias pueden crear sucursales en otro estado miembro sin la autorización de éste.
   b) Para abrir sucursales y operar en Londres una Caja de Ahorros española precisa autorización del Reino Unido.
   c) La apertura de sucursales en territorio español por parte de una entidad de crédito alemana requiere la correspondiente autorización del Banco de España.
   d) *b)* y *c)* son correctas.

2. **Los tipos de interés de las operaciones bancarias:**
   a) Son libres.
   b) Son libres en las pasivas pero en las activas todavía no se han liberalizado.
   c) Se están liberalizando paulatinamente por exigencia de la CE.
   d) Son libres en las activas pero en las pasivas el Banco de España establece períodicamente los máximos aplicables.

3. Los descubiertos:

a) Están prohibidos en las cuentas de ahorro ordinario.

b) En cuenta corriente se consideran créditos.

c) En imposiciones a plazo fijo deben ser formalizados.

d) Ninguna de las anteriores es correcta.

4. Señale la respuesta correcta:

a) En préstamos y créditos los intereses, comisiones y gastos se calculan al principio.

b) Créditos y préstamos pueden ser renovados a su vencimiento cuando no se haya producido la devolución del principal.

c) Al formalizar la operación, se recibe la cantidad total en los créditos o se autoriza la disposición hasta un cierto límite en los préstamos.

d) No es correcta ninguna de las anteriores.

5. Señale la alternativa correcta:

a) Los certificados de depósito son pasivos de las instituciones bancarias computables en el coeficiente de caja.

b) Los certificados del Banco de España son activos de las instituciones bancarias computables en el coeficiente de caja.

c) En los préstamos, el prestamista pone a disposición del cliente dinero hasta un cierto límite.

d) Las imposiciones a plazo fijo deben ser tenidas en cuenta para el cálculo del coeficiente de solvencia.

6. **El MIBOR:**
   a) Es el tipo de interés del mercado interbancario de Madrid.
   b) Es un tipo de interés objetivo y variable.
   c) Se aplica en operaciones a tipos de interés variable sumándole un diferencial fijo.
   d) Todas las respuestas son correctas.

7. **En los créditos sindicados la responsabilidad de los prestamistas y el tipo de interés que se suele pactar son, respectivamente:**
   a) Solidaria y variable.
   b) Solidaria y fijo.
   c) Mancomunada y variable.
   d) Mancomunada y fijo.

8. **Con referencia al coeficiente legal de caja:**
   a) Los activos computables son los depósitos en cuenta corriente en el Banco de España.
   b) Los activos computables son los depósitos del sector privado residente.
   c) No es aplicable a las entidades oficiales de crédito (Banco Hipotecario de España, Banco de Crédito Agrícola y Banco de Crédito Local).
   d) Todas las respuestas son válidas.

9. **Con referencia al coeficiente de caja:**
   a) Los activos computables son el efectivo en poder de los bancos y los depósitos en cuenta corriente en el Banco de España.
   b) Se computa por decenas para todas las entidades, bancarias y no bancarias.

c) No tiene remuneración y su cuantía se sitúa actualmente en el 2 por 100 de los pasivos computables.
d) Son válidas las tres respuestas.

10. El coeficiente de solvencia bancario:
a) Es una relación entre recursos propios y ajenos y su cuantía debe ser igual o mayor al 8 por 100.
b) No toma en consideración las posiciones y cuentas de orden sujetas a riesgo.
c) Debe calcularse en forma consolidada.
d) Computa, en el numerador, todos los recursos propios básicos y los de segunda categoría sin limitación de cuantía.

11. En la actualidad, la regulación sobre concentración de riesgos:
a) Penaliza con un recargo en los coeficientes multiplicadores de las distintas clases de activos.
b) Penaliza en mayor medida la concesión de créditos a consejeros y directores generales.
c) Define los grandes riesgos y limita al 800 por 100 de los recursos propios la suma de los soportados por una entidad.
d) Las alternativas *a)* y *b)* conjuntamente.

12. Las entidades de crédito deben cubrir su riesgo de cambio:
a) Con depósitos en el Banco de España.
b) Con recursos propios adicionales por importe no inferior al 8 por 100 de la posición global neta en divisas.
c) Con ambas exigencias a la vez.

d) No es necesario cubrirlo siempre que se cumpla el coeficiente de caja.

13. Indique la respuesta correcta:

a) Riesgo-país y riesgo soberano son expresiones equivalentes.

b) Un gran riesgo es el contraído frente a una persona, entidad o grupo cuando su valor supera el 10 por 100 de los recursos propios del prestamista.

c) Las entidades de crédito pueden mantener el volumen de inmovilizaciones materiales que libremente deseen.

d) Ninguna es correcta.

14. En general, la distribución de beneficios de una entidad de crédito:

a) Es totalmente libre.

b) Es libre siempre y cuando cumpla el coeficiente de recursos propios.

c) Debe ser sometida al Banco de España en cualquier caso.

d) Debe ser aprobada por la Comisión Nacional del Mercado de Valores si la entidad cotiza en Bolsa.

EJERCICIOS

1. Supongamos que le plantean el siguiente asunto:

«Apertura de una sucursal del Banco de Vilalonga en Londres».

De acuerdo con la legislación inglesa es preciso pedir autorización al Banco de Inglaterra y al Ministro competente y dotarla necesariamente del capital mínimo exigido en ese país, cinco millones de libras esterlinas, íntegramente suscrito y desembolsado. Obtenida ésta, tendría la ventaja de poder hacer todo tipo de operaciones en el Reino Unido, incluso las no autorizadas en España».

¿Qué diría Vd.? Razone la respuesta.

2. Con los siguientes datos del balance del Banco de la Grosa (en miles de millones de pesetas):

Efectivo = 5; créditos = 550; inmovilizado = 290; capital = 110; reservas = 50; Depósitos en pesetas del público: a la vista = 100; de ahorro = 110; y a plazo = 215; empréstitos adquiridos por residentes: a corto plazo = 10; a largo plazo = 20; fondos captados en los mercados interbancarios = 170; préstamos concedidos por el Banco de España = 50.

¿Qué debe hacer este banco para cumplir el coeficiente legal de caja?

3. Con los siguientes datos de la Caja de Ahorros del Jiloca (en miles de millones de ptas.):

Riesgos de crédito en el balance	
Activos sobre Administración Central	100
Intermediarios financieros	13

Préstamos hipotecarios sobre viviendas	200
Efectivo	10
Comunidad Autónoma de Aragón (DGA):	
— Deuda Pública emitida con autorización del Estado	10
— Otros activos	10
Ayuntamiento de Zaragoza	10
Activo real	50
Banco de España	240
Inversiones crediticias y valores Sector Privado	1.000

Calcule el nivel de recursos propios necesarios para que esta Caja cumpla el coeficiente de solvencia o de recursos propios.

4. Cuantifique nuevamente el coeficiente de solvencia de la Caja de Ahorros del Jiloca teniendo en cuenta que, además de los riesgos anteriores, presenta estos datos adicionales:

4.1. *Riesgos de fuera de balance*[3]	*Riesgo*	
Avales, endosos y aceptaciones sobre S. Privado	Alto	25
Fianzas obras	Medio	2
Créditos documentarios	Medio/Bajo	2
Disponibles a menos de un año	Bajo	100

4.2. *Información adicional*

Activos inmateriales	30
Pérdidas de ejercicios anteriores	20

[3] Para la resolución de este ejercicio deberán recurrir a la nota número 26 al pie de la página 205 del *Manual de Sistema Financiero Español*, octava edición, de A. Cuervo *et al.*

5. Con los resultados obtenidos en el ejercicio anterior y los siguientes (cifras en mm.):

— Fondo fundacional	20
— Fondos de la Obra Benéfico Social (OBS) materializados en inmuebles	20
— Fondos genéricos	10
— Reservas de revalorización de activos	20
— Financiaciones subordinadas	40
— Reservas efectivas	40

Señale si la C. de A. del Jiloca cumple el coeficiente de solvencia.

6. La C. de A. del Jiloca inicia una política de reestructuración del activo del balance del ejercicio anterior con los siguientes resultados: reducción de 500 mm. en inversiones crediticias y valores del sector privado e incremento de las siguientes partidas:

— Intermediarios financieros (entidades de crédito y sociedades y agencias de valores)	+ 100
— Préstamos hipotecarios sobre viviendas	+ 300
— Comunidad Autónoma de Aragón:	
• Deuda Pública emitida con autorización del Estado	+ 50
• Otros activos	+ 50

Calcular nuevamente el volumen mínimo de RP y determinar si la Caja cumple el coeficiente.

7. El Banco Onza, cuyos recursos propios ascienden a 20.000 millones de ptas., ha concedido una serie de préstamos con las siguientes personas, empresas o grupos y por los importes que se indican (en millones de pesetas):

Sr. Touza 2.200; Grupo Marina II 5.000; Carramarro S.A. 4.500; Udra S.A. 4.000; Couso S.A. 6.000; Sr. Martín 3.000; Fendetestas S. A. 3.000; Sr. Pérez 2.200

Tiene concedidos, además, 20 créditos por importe de 5.000 millones de ptas. cada uno y ha adquirido valores de renta fija por importe de 30.000 millones de ptas., en bloques de 5.000 m. a otras seis empresas o personas diferentes, que no constituyen grupo. En todas ellas el Banco no tiene participación significativa o relación de dominio, a excepción de la empresa Carramarro, en la que cuenta con la mayoría de los consejeros.

Analice:

a) Si cumple la normativa reguladora de la concentración de riesgos —no tome en consideración los períodos transitorios de adaptación hasta 1999 previstos en la disposición final tercera del R. D. 1343/1992— y

b) Si podría conceder un nuevo préstamo, en condiciones muy ventajosas para la entidad, a Lideira S. A., que goza de suficiente solvencia, por importe de 4.000 millones de ptas. Caso de que esto no fuera posible, determine cuál sería la cuantía máxima que podría concederle de acuerdo con la normativa vigente.

8. Tres entidades bancarias con diferentes coeficientes de solvencia deciden aplicar sus beneficios ordinarios a reservas y dividendos de acuerdo con la siguiente distribución:

Banco	*Coef. solv.*	*Reservas*	*Dividendos*
Cies	6,25%	85%	15%
Ons	7%	75	25%
Sálvora	9%	45%	55%

Comente si le parece adecuada la política de distribución de beneficios.

TEMA 8:
Banca, Cajas de Ahorros y Cooperativas de Crédito

PRUEBA OBJETIVA

1. Los Fondos de Garantía de Depósitos garantizan:

a) Un máximo de 500.000 ptas. por cada depósito.
b) Un máximo de 1.500.000 ptas. por cada depósito.
c) Un máximo de 1.500.000 ptas. por cada depositante, independientemente del número de cuentas que tenga.
d) Ninguna de las anteriores.

2. Las entidades de crédito de capital público estatal están sometidas a:

a) El coeficiente de caja.
b) El coeficiente de solvencia.
c) Ninguno de los anteriores.
d) Los dos coeficientes anteriores.

3. En la reforma de la Banca Pública, la Caja Postal:

a) Continúa siendo Caja de Ahorros.
b) Se convierte en sociedad anónima con la consideración de entidad de crédito y estatuto de banco.
c) Se fusiona con el Banco Exterior de España.
d) Ninguna de las anteriores respuestas es correcta.

4. Tras el proceso de reestructuración de la Banca Pública en España, el ICO:

a) Ha pasado a supervisar la actuación de Argentaria.
b) Se financia básicamente emitiendo valores en los mercados financieros.
c) Se ha convertido en Agencia Financiera del Gobierno y Banco de Desarrollo.
d) Son correctas *b)* y *c).*

5. Las Cajas de Ahorros y los bancos se diferencian en:

a) Su naturaleza jurídica y menores posibilidades operativas.
b) Sus órganos rectores y el modo de computar el coeficiente de caja.
c) La aplicación de beneficios y la posibilidad de emitir cuotas participativas.
d) Son correctas *a)* y *c).*

6. Las Cajas de Ahorros pueden abrir sucursales:

a) En el territorio de su Comunidad Autónoma y centros financieros de importancia.
b) Fuera de su territorio cuando tienen una dimensión determinada.
c) Con absoluta libertad dentro del territorio nacional.
d) Las respuestas *a)* y *b)* son correctas.

7. Los órganos rectores de las cajas de ahorros son:

a) La Asamblea General.
b) La Asamblea General y el Consejo de Administración.

c) La Asamblea General, el Consejo de Administración y la Comisión de Control.
d) La Asamblea General, el Consejo de Administración, la Comisión de Control y el Director General.

8. Las cooperativas de crédito pueden realizar las mismas operaciones que el resto de las entidades de depósito:
a) Pero *sólo* con sus socios.
b) Sin sobrepasar con terceros, tanto en las activas como en las pasivas, el 50% de los recursos totales.
c) Sin sobrepasar con terceros, en las activas, el 50% de los recursos totales.
d) Sin limitaciones establecidas, aunque es aconsejable que operen preferentemente con sus socios.

9. Las cooperativas de crédito:
a) Son intermediarios financieros no bancarios.
b) No incluyen a las Cajas Rurales.
c) No pueden realizar operaciones activas con terceros no socios que superen la mitad de los recursos totales de la entidad.
d) Son correctas las tres respuestas anteriores.

TEMA 9:
Otros intermediarios financieros

PRUEBA OBJETIVA

1. En la actualidad las entidades de financiación son:

a) Entidades de depósito que financian la compra y venta a plazo de todo tipo de bienes.

b) Establecimientos financieros que conceden préstamos para realizar compras a plazo de todo tipo de bienes.

c) Una clase de entidades bancarias dedicadas exclusivamente a la financiación de la compra y venta de bienes a plazo.

d) Entidades de crédito que permiten a los vendedores cobrar al contado y a los compradores pagar a plazo.

2. En el factoring intervienen los siguientes sujetos:

a) El factor y el cliente.

b) La entidad de factoring y una entidad de depósito.

c) El factor, la empresa cliente y compradores o deudores de ésta.

d) El factor y una entidad de seguros.

3. Las sociedades de crédito hipotecario tienen como objeto único:

a) la concesión de créditos y avales hipotecarios.

b) La emisión de títulos hipotecarios.
c) Las dos anteriores y la toma de depósitos a la vista del público.
d) *a)* y *b)* son correctas.

4. Las Sociedades de Garantía Recíproca:
a) Prestan crédito a sus empresas asociadas.
b) Conceden avales a sus socios para los créditos que soliciten a las entidades de crédito.
c) Son sociedades que se comprometen entre sí a avalar sus créditos.
d) Todas las respuestas son correctas.

TEMA 10:
Mercado de capitales

PRUEBA OBJETIVA

1. El mercado bursátil español es un mercado:

a) Secundario, no oficial, donde se negocian valores a largo plazo.
b) Primario, oficial y no organizado en el que se intercambian activos a cualquier plazo.
c) Secundario, oficial y organizado donde se negocian valores de renta fija y variable admitidos a cotización.
d) Monetario cuyo control, supervisión y ordenación corresponde a la Comisión Nacional del Mercado de Valores.

2. Las Bolsas de Valores son:

a) Mercados primarios, directos y oficiales.
b) Mercados organizados y secundarios.
c) Mercados directos, de capitales y oficiales.
d) *b)* y *c)* son correctas.

3. El mercado continuo de valores:

a) Está regido por la Sociedad de Bolsas.
b) Ha ampliado el horario de contratación de valores respecto al existente con anterioridad.

c) Determina un precio nacional único en pesetas para cada valor.
d) Son correctas la tres respuestas.

4. En el mercado continuo:
a) Se negocian los valores de aquellas empresas que no pueden acceder a las Bolsas tradicionales.
b) Las órdenes de compra y venta se realizan telefónicamente a través de los creadores de mercado.
c) Desaparece el arbitraje entre las Bolsas.
d) Las únicas que pueden intervenir son las Sociedades de Valores.

5. La Sociedad de Bolsas:
a) Es una sociedad anónima constituida por las Sociedades Rectoras de las Bolsas de Valores, encargada de la gestión del sistema de interconexión bursátil.
b) Es la sociedad anónima encargada de la compensación de los valores negociados en el mercado continuo.
c) Es la sociedad rectora del mercado continuo.
d) *a)* y *c)* son correctas.

6. La Sociedad de Bolsas es:
a) La sociedad que gestiona los fondos de inversión.
b) La sociedad encargada de la dirección y administración del Sistema de Interconexión Bursátil.
c) El nombre que se da a cada una de las sociedades rectoras de las Bolsas de Madrid, Barcelona, Bilbao y Valencia.
d) La encargada del registro contable de los valores negociados en las Bolsas.

7. Diga cuál de las siguientes afirmaciones es correcta:

a) Las Agencias de Valores actúan por cuenta propia y ajena.

b) Las Agencias de Valores únicamente pueden operar por cuenta ajena.

c) Las Sociedades de Valores sólo pueden operar por cuenta propia.

d) Son correctas *b)* y *c)*.

8. Las Sociedades y Fondos de Inversión Mobiliaria tienen en común:

a) Su actividad de captación de recursos que posteriormente invierten en activos financieros.

b) Los activos que emiten para la captación de fondos.

c) Su forma jurídica.

d) *a)* y *b)* son correctas.

9. Los fondos de inversión son:

a) Patrimonios pertenecientes a varios inversores o partícipes cuyo objeto es la adquisición, tenencia, disfrute y enajenación de valores mobiliarios y otros activos financieros.

b) Fondos sin personalidad jurídica propia administrados por sociedades gestoras.

c) Una forma de inversión institucional.

d) Todas las respuestas son correctas.

10. La principal diferencia entre un FIM y un FIAMM se halla en:

a) El vencimiento de las participaciones.

b) El plazo de inversión de sus activos.
c) En que los FIAMM pueden invertir en renta fija y variable mientras los FIM sólo pueden hacerlo en renta fija.
d) La forma jurídica que ambas pueden adoptar.

11. Los futuros y las opciones:
a) Son instrumentos de control de riesgos.
b) Son productos financieros derivados.
c) Son activos financieros primarios.
d) *a)* y *b)* son correctas.

EJERCICIOS

1. VEDRÁ S.A. ha firmado con ESPALMADOR S.A. un pacto de compra a seis meses de 1.000 contratos sobre un índice IBEX-35 de 4.000. Una vez cumplido el plazo el IBEX-35 cotiza a 4400. Se desea saber:

1.1. Importe total del contrato inicial.

1.2. Resultado final de la operación para ambas sociedades.

2. Suponga que al vencimiento la cotización del IBEX-35 ha caído a 3.800. ¿Quién es ahora el beneficiado y en qué cuantía?

3. TAGOMAGO S.A. ha adquirido al BANCO DE LOS FREUS en el MEFF Renta Variable una opción de compra («call»), con vencimiento a seis meses, de 100.000 acciones de REPSOL a 4.000 ptas. c/u. por la que el emisor ha percibido una prima del 2,5 por 100. Al ver que a los tres meses la cotización de las acciones ha subido a 4.600 ptas. TAGOMAGO decide ejercitar la opción. ¿Cuál sería el resultado de la operación para las dos entidades?

4. En el ejercicio anterior, suponga ahora que la Bolsa se halla en un ciclo bajista y las cotizaciones muestran una constante caída, de forma que a los seis meses la cotización de REPSOL ha bajado hasta las 3.500 Ptas. ¿Qué conducta deberá seguir TAGOMAGO y cuál será el resultado obtenido?

5. Bajo los mismos supuestos de los ejercicios anteriores, explique cuál sería la actuación correcta de TAGOMAGO teniendo en cuenta ahora que la opción adquirida es de venta («put»).

SOLUCIONES A LOS EJERCICIOS PROPUESTOS

TEMA 1:
Conceptos básicos

PRUEBA OBJETIVA

1. *d)*
2. *a)*
3. *b)*
4. *c)*
5. *b)*
6. *c)*
7. *a)*
8. *a)*
9. *d)*
10. *a)*

EJERCICIOS

1. La solución que, algunas veces, es clara, no lo es tanto en otras ocasiones, ya que establecer un orden exige que se cumplan una serie de supuestos de partida. Por eso, la propuesta a continuación va a ir acompañada de una explicación adicional.

LIQUIDEZ. La liquidez de un IF depende de la certeza y facilidad de su conversión rápida en dinero sin sufrir pérdidas. Por tanto, es función de la existencia o no de mercados secundarios, con suficiente demanda de ese IF, y de una cierta estabilidad de los precios negociados en ellos.

De acuerdo con estos criterios la ordenación correcta sería la siguiente:

1. *a)* Depósito a la vista.
2. *c)* Bono del Tesoro.
3. *b)* Depósito a plazo de un año.
4. *d)* Obligación de una empresa no financiera, con vencimiento en el año 2000, sin cotización en un mercado secundario.

Es precisamente la inexistencia de un mercado de este tipo, la que introduce una gran incertidumbre acerca del precio que pueda obtenerse en el caso de tener que recurrir a una venta inmediata y, como consecuencia, la aparición de un riesgo elevado de importantes pérdidas, denominado «riesgo de mercado».

SEGURIDAD. Es la probabilidad de que, al vencimiento del IF, el emisor proceda a cumplir las obligaciones asumidas (devolución de la suma recibida junto con los intereses correspondientes).

Depende, sobre todo, de la solvencia actual del emisor, del período de tiempo que falte hasta la amortización (incertidumbre futura) y de las garantías que aporte el propio IF (p. ej. un préstamo garantizado mediante hipoteca).

Se denomina «riesgo de crédito», o de impago, a la probabilidad de que el emisor incumpla sus obligaciones al vencimiento del IF.

La ordenación correcta es la siguiente:

1. *c)* Bono del Tesoro.
2. *a)* Depósito a la vista.
3. *b)* Depósito a plazo de un año.
4. *d)* Obligación de una empresa no financiera, con

vencimiento en el año 2000, sin cotización en un mercado secundario.

RENTABILIDAD. Es el rendimiento que otorga al adquirente la tenencia del IF. Debe tenerse presente no sólo la remuneración directa, o de carácter financiero, sino también las ventajas fiscales derivadas de su adquisición o posesión.

La rentabilidad supone la compensación por la cesión de liquidez y la asunción de los riesgos de mercado y de impago futuro por parte del deudor o prestatario («riesgo de crédito»).

Ello da lugar a una relación inversa entre liquidez (L), seguridad (S) y rentabilidad (R):

A mayor L y S, menor R y

A menor L y S, mayor R.

De acuerdo con el punto anterior, la ordenación más correcta es la siguiente[4]:

1. *d)* Obligación de una empresa no financiera, con vencimiento en el año 2000, sin cotización en un mercado secundario.
2. *b)* Depósito a plazo de un año.
3. *c)* Bono del Tesoro.
4. *a)* Depósito a la vista.

2. *a)* **DIRECTOS**. Son los emitidos por las unidades finales de gasto —Administraciones Públicas (AA.PP.), empresas, familias, etc.— con el fin de obtener financiación para sus necesidades (póliza de crédito o préstamo firma-

[4] En ocasiones, las imperfecciones de los mercados pueden dar lugar a soluciones diferentes.

dos por un particular, pagarés de empresa, Letras del Tesoro y Obligaciones del Estado, emitidos, respectivamente, por empresas y AA. PP.).

INDIRECTOS. Son IF emitidos por intermediarios financieros. Nacen con el fin de obtener recursos, pero no directamente para ellos mismos, sino con el objetivo de financiar posteriormente a las unidades finales de gasto (depósitos de los bancos, cédulas hipotecarias, bonos de caja y de tesorería, ...).

El gráfico número 1 muestra a ambos tipos de IF operando como contrapartida de los flujos financieros recibidos por otras unidades.

Gráfico núm. 1

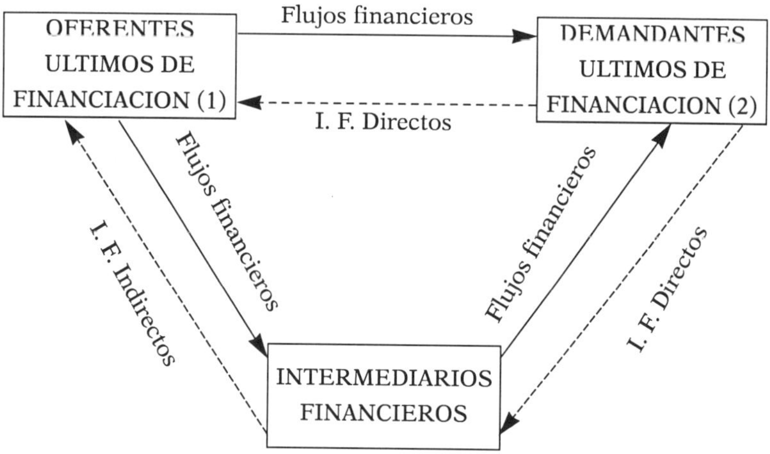

(1) Prestamistas o unidades con capacidad de financiación.
(2) Prestatarios o unidades con necesidad de financiación.

b) **PUBLICO**. Emitido por algún organismo dependiente de las AA.PP. (Deuda Pública del Estado, emisiones de las Comunidades Autónomas, Diputaciones, Cabildos, Ayuntamientos, etc.).

PRIVADO. Emitido por entidades privadas o particulares (pagarés de empresa, acciones y obligaciones de bancos, de compañías eléctricas, de empresas de construcción, firma de un crédito por un particular, etc.).

c) **NACIONAL**. IF emitido por un organismo, empresa, entidad o particular con residencia en España: Letras del Tesoro, acciones de ENDESA, depósito en un banco español, préstamo firmado por un residente, ...

EXTRANJERO. IF emitidos por no residentes: Bonos del Tesoro USA, acciones de Volkswagen, depósito en un banco extranjero, préstamo a un no residente, ...

d) **EMITIDOS SINGULARMENTE**. Emisión individualizada de un IF cuyas condiciones han sido negociadas directa y previamente con el comprador. Es un contrato hecho a medida de los deseos del adquirente. Ejemplos:

1. Cédula hipotecaria por importe de 10.525.000 ptas. con vencimiento a 290 días.
2. Cesión temporal de Deuda Pública por importe de 3.471.876 ptas. a 42 días.
3. Compra a plazo de 200 días de 125.500 dólares USA al cambio de 125 ptas. por dolar.

EMITIDOS EN SERIE. Emisión conjunta de IF con las mismas características de nominal, plazo, rentabilidad, ..., de manera que resulta indiferente la adquisición de cualquiera de ellos. Ejemplos:

1. Letras del Tesoro cuyo vencimiento es a un año, se emiten al descuento y tienen un nominal de 1.000.000 de ptas.

2. Acción del Banco Bilbao-Vizcaya. Su nominal es de 600 ptas. y todas reciben el mismo dividendo.

3. Pagaré de empresa de RENFE cuyo vencimiento es a un año, se emiten al descuento y su nominal es de 1.000.000 de ptas.

e) **CON CUPON PERIODICO**. Compromiso que adquieren determinados IF a medio y largo plazo (p. ej. bonos y obligaciones) de abonar intereses con una cierta periodicidad. El pago de los cupones suele hacerse trimestral, semestral o anualmente —una vez por trimestre, semestre o año, respectivamente—, aunque la tendencia es cada vez mayor a que su periodicidad sea anual[5].

Ejemplo: Bonos del Tesoro a cinco años y cupón anual del 10 por 100. Nominal: 10.000 ptas. El cupón anual es, por tanto, de 10.000 ptas.

---

[5] Los cupones anuales suponen un menor coste de gestión y transacción al materializarse en una única operación de abono al año. Además y desde un punto de vista estrictamente financiero, emisiones con un mismo tipo de interés en términos nominales dan lugar a tipos efectivos más altos a medida que se fracciona el período de pago. Así, un 10 por 100 nominal pagadero al final del año coincide con un coste efectivo del 10 por 100, mientras que dividido en dos cupones semestrales, de un 5 por 100 cada uno, se eleva al 10,25 por 100 (al tener que adelantar seis meses el pago del primer 5 por 100):

$(1 + 0{,}05)^2 - 1 = 0{,}1025 = 10{,}25$ por 100.

Si se pagara trimestralmente, el coste efectivo subiría al 10,38 por 100 ya que entonces:

$(1 + 0{,}025)^4 - 1 = 0{,}1038 = 10{,}38$ por 100.

La secuencia de pagos e ingresos considerados desde el lado del prestamista o adquirente de ese IF, sería la siguiente:

PI = pago inicial.
I = ingresos.
A = amortización.

PI = 10.000

Año:	0	1	2	3	4	5
I	1.000	1.000	1.000	1.000	1.000	11.000 (1)

(1) 1.000 de cupón + 10.000 de A.

CUPON CERO. El abono de intereses se hace de una sola vez coincidiendo con el momento de la amortización. No se abonan cupones periódicos sino que se acumulan al final de la maduración del IF; de ahí, la expresión cupón cero o sin cupón. Es una fórmula utilizada sobre todo en IF con amortización a medio plazo, aunque también y con carácter excepcional, existen casos a largo plazo.

Ejemplos de ese tipo de emisiones se han dado en cédulas hipotecarias y bonos de caja a tres años. Nominal (precio de emisión) = 100.000 ptas.; tipo de interés 10 por 100.

Efectivo a la amortización :
$100.000\ (1 + 0{,}1)^3 = 100.000 \times 1{,}331 = 133.100.$

PI = 100.000

Año:	0	1	2	3
I	0	0	0	133.100 (1)

(1) 33.100 de intereses + 100.000 de A.

AL DESCUENTO. También llamado al tirón. Fórmula usada en IF emitidos a corto plazo, generalmente a un año. El adquirente abona una cantidad inferior al nominal (efectivo) percibiendo aquél en el momento de la amortización.

Ejemplo: Letra del Tesoro a un año y rentabilidad del 9 por 100 (0,09). Nominal = 1.000.000.

Cálculo del efectivo (E):
E (1 + 0,09) = 1.000.000 ; E = 1.000.000 : 1,09 = 917.431

PI = 917.431

Año:	0	1
I	0	1.000.000

f) **DE RENTA FIJA**. IF en el que la rentabilidad financiera se determina inicialmente con independencia de los resultados económicos que pueda obtener el emisor o prestatario. Dentro de la renta fija puede distinguirse, a su vez, aquélla que determina un *interés fijo* a lo largo de la vida del préstamo o uno *variable,* relacionado con un tipo de interés básico, o de referencia, o con un índice de precios.

Como ejemplo de *interés fijo* pueden señalarse los Bonos y Obligaciones del Estado, muchas emisiones de obligaciones privadas y algunos préstamos bancarios; y de interés variable: obligaciones y préstamos bancarios con garantía hipotecaria referenciados al MIBOR a un año —tipo de interés del mercado interbancario de Madrid a ese plazo—, al indicador CECA para tipos activos, a la rentabilidad de la Deuda Pública, etc.

DE RENTA VARIABLE, cuya rentabilidad viene ligada a los resultados económicos del emisor. Un ejemplo claro son las acciones.

g) **A CORTO PLAZO.** Letras del Tesoro, pagarés de empresa y depósitos a plazo con vencimientos inferiores a 18 meses.

A MEDIO PLAZO. Bonos del Estado, bonos de caja y de tesorería, préstamos personales, etc. con vencimientos que oscilan entre tres y cinco años.

A LARGO PLAZO. Obligaciones del Estado, obligaciones de empresas no financieras, préstamos hipotecarios, etc. con vencimientos superiores a cinco años.

Nota aclaratoria: la separación entre el corto, medio y largo plazo no goza de un consenso generalizado. Algunas veces se habla de hasta uno, hasta tres y más de tres años, respectivamente, para definir los tres períodos.

h) **CON GARANTIA PERSONAL.** Depósitos en general, incluidos los interbancarios, préstamos simples —es decir, no hipotecarios—, bonos y obligaciones simples, ...

CON GARANTIA REAL. Préstamos hipotecarios, cédulas, bonos y participaciones hipotecarias, préstamos con garantía de prenda, préstamos pignoraticios, ...

3. *a)* **PRIMARIO.** Emisión de Deuda Pública, de acciones, de obligaciones, de títulos hipotecarios, ...

SECUNDARIO. Negociación de Deuda Pública; mercado bursátil, mercado de la AIAF; mercado hipotecario, ...
Mientras el *mercado primario o de emisión* facilita financiación al emisor —corresponde a la primera colocación del IF en el mercado—, el *secundario, o de negociación,* abarca todas las compraventas posteriores a la primera emisión; para el emisor supone solamente un cambio de titularidad

del IF. Sin embargo, este último mercado aporta una serie de ventajas: 1) otorga liquidez al tenedor y, por tanto, le permite transformar el IF en dinero sin necesidad de esperar a su vencimiento y 2) este hecho facilita a los emisores la colocación de IF en condiciones más favorables de coste.

b) **MERCADO MONETARIO.** Letras del Tesoro, Bonos y Obligaciones del Estado, pagarés de empresa, cédulas, bonos y participaciones hipotecarias, certificados de depósito, bonos de caja y de tesorería, pagarés bancarios, ...

MERCADO DE CAPITALES. Mercado de valores de todo tipo y mercado de crédito a largo plazo.

Los mercados monetarios se caracterizan porque en ellos se negocian IF al por mayor, de gran seguridad y elevada liquidez, en tanto que el de capitales abarca operaciones de financiación a largo plazo que, a su vez, pueden dividirse en otros dos submercados: el de valores y el de crédito a largo plazo.

c) **MERCADO DIRECTO: de búsqueda directa, de subasta y con intervención de especialistas.** Recoge todas aquellas operaciones de préstamo entre familiares, o de socios y trabajadores a la empresa, adquisición directa por particulares de emisiones de acciones u obligaciones de empresas no financieras o de títulos de la Deuda de las AA.PP.

Dentro de los mercados directos pueden distinguirse los siguientes:

— De búsqueda directa: préstamos entre familiares, de socios a la empresa o emisión de acciones para unas personas o empresas concretas.

— De subasta. Los oferentes últimos de financiación pujan u ofertan en las emisiones de IF que realizan los demandantes últimos de financiación; p. ej. acudiendo a la emisión de Deuda Pública.

— Con intervención de especialistas. En este caso, los oferentes últimos recurrirán a un comisionista («broker») para que les ponga en contacto con un demandante último de financiación con el fin de adquirir un IF emitido por éstos, percibiendo a cambio una comisión.

INDIRECTO O INTERMEDIADO. Mercados donde se adquieren IF tales como depósitos bancarios, títulos hipotecarios, bonos de caja y de tesorería y, en general, las emisiones de los intermediarios financieros.

Mientras en los mercados directos los IF emitidos por los demandantes últimos de financiación son adquiridos por los oferentes finales, en los indirectos o intermediados, al menos uno de los participantes es un intermediario financiero.

4. a) **AL CONTADO Y A PLAZO.** Son operaciones al contado aquéllas en las que el período transcurrido entre las fechas de contratación y de liquidación no supera un número reducido de días, establecidos para cada mercado —dos en el de divisas, cinco en el de Deuda Pública Anotada, etc.—. Este tipo de operaciones tienen lugar en los denominados mercados de contado, o «spot» en la terminología inglesa. En nuestro país tenemos los siguientes ejemplos: Mercado Bursátil - sólo pueden realizarse operaciones al contado- mercado de divisas, mercado al contado de Deuda Pública Anotada, etc.

Si, por el contrario, el período transcurrido entre las dos fechas citadas supera los días establecidos nos encontraremos ante operaciones a plazo, que tienen lugar en los mercados a plazo o mercados derivados. Ejemplos de ellos son: el mercado de divisas a plazo, el mercado a plazo de Deuda Pública Anotada, los mercados de futuros financieros, etc.

El siguiente gráfico permite ver la diferencia entre ambos tipos de operaciones:

Mercado de divisas:

Fecha de contratación Fecha de liquidación

— Dos días o menos ====> al contado.
— Más de dos días ====> a plazo.

b) **OPERACIONES A PLAZO: A MEDIDA Y NORMALIZADAS.** Con el fin de facilitar su comprensión tomemos el siguiente ejemplo:

FLOPPY S.A. concierta hoy una operación de importación de ordenadores de Taiwán por un importe de 234.560 dólares USA a pagar dentro de 3 meses y 20 días.

De acuerdo con el tipo de cambio al contado del dólar USA de hoy —121,38 ptas.— que le facilita su banco, la operación le costaría en estos momentos 28.470.892 ptas. [234.560 x 121,38]. FLOPPY, sin embargo, no sabe el coste exacto en pesetas de la importación en la fecha de liquidación —dentro de 3 meses y 20 días—, ya que no puede conocer la cotización del dólar en ese momento. Además, teme que la divisa norteamericana pueda apreciarse significativamente y, como consecuencia, el importe en pesetas de la compra se dispare y los beneficios previstos sufran un serio recorte, pudiendo convertirse incluso en pérdidas.

Para salvar esta situación decide cubrir este riesgo (riesgo de cambio) realizando una operación a plazo. Para ello, contrata una compra de dólares a un precio pactado hoy normalmente no coincidente con el que los bancos aplican en sus operaciones al contado- que liquidará más adelante en la fecha convenida. De esta forma conoce, desde ahora y con total exactitud, el tipo de cambio del dólar que le van a aplicar y, en definitiva, el coste de los ordenadores en pesetas.

En esta línea, FLOPPY tiene dos alternativas:

a) Cubrir totalmente su riesgo mediante una operación hecha *a su medida,* es decir, ir a un banco y adquirir los 234.500 dólares USA a un tipo de cambio pactado en este momento que él liquidará dentro de 3 meses y 20 días.

b) Cubrir el riesgo de forma aproximada acudiendo a un mercado en el que las operaciones se hacen por volúmenes y plazos estandarizados, por ejemplo, 100.000 dólares USA por contrato y vencimiento el tercer miércoles de los meses de marzo, junio, septiembre y diciembre[6].

En este caso, FLOPPY tendría que decidir entonces entre suscribir 2 contratos (200.000 dólares USA), con lo que asumiría el riesgo de cambio de los restantes 34.560 o 3 contratos (300.000 dólares USA), en cuyo caso se habría pasado en 65.430 y quedaría sometido a las fluctuaciones del dólar por ese importe.

Con los plazos ocurriría lo mismo. FLOPPY tendría que acercar la fecha de pago de los ordenadores a los plazos estándar establecidos en el mercado.

Evidentemente la alternativa a) es la más adecuada en cuanto a cobertura pero tiene el inconveniente de que no se puede deshacer o liquidar antes del vencimiento sin sufrir elevadas pérdidas —tiene escasa liquidez—. Además, no eli-

---

[6] Estas características correspondían al mercado español de futuros sobre el tipo de cambio peseta/dólar USA cuya negociación fue suspendida a principios de 1993.

mina el posible incumplimiento del contrato a su vencimiento o riesgo de contrapartida[7]. La alternativa b) aunque no permita una cobertura total salva las dificultades de la a).

c) **OPERACIONES A PLAZO: LIQUIDACION CON ENTREGA O POR DIFERENCIAS.** Llegado el momento de la liquidación de los contratos a plazo caben dos posibilidades:

1. En cumplimiento del compromiso adquirido una parte procedería a la entrega del IF y la otra del correspondiente importe en dinero. Se trataría de una liquidación con entrega.
2. Liquidar la diferencia entre el precio pactado y el vigente en ese momento en el mercado. Consecuentemente, la parte perdedora abonará esa diferencia a la que haya resultado favorecida por la evolución del precio del mercado.

En el punto b) anterior si FLOPPY hubiera contratado los dólares a plazo a 124 ptas., liquidando por diferencias, y cumplidos los 3 meses y 20 días el dólar cotizara a 125 ptas. la entidad vendedora estaría obligada a abonarle 234.560 ptas. [(125 - 124) × 234.560]. A este tipo de liquidación se le denomina por diferencias.

d) **OPERACIONES SIMPLES Y DOBLES.** Las primeras se refieren a una única compraventa de IF. Son las corrientes en la adquisición de acciones, obligaciones, Letras del Tesoro, ... A su vez, las simples pueden ser al contado y a plazo (véase el apartado 4. a. anterior).

---

7 La probabilidad de incumplimiento en el ejemplo planteado es muy reducida al tratarse de una entidad bancaria, pero crecería a medida que las cantidades contratadas fueran mucho más elevadas.

Las dobles «constan de dos compraventas de signo opuesto entre los mismos participantes, relativas a la misma clase y cantidad de IF y ambas a precio fijo» (Pellicer, 1992:15).

Un ejemplo de operación doble formalizada mediante una cesión temporal de activos, también llamada «repo»[8] o operación de compraventa con pacto de retrocesión, sería la siguiente: el BANCO DEL MAR cede a FLOPPY una Letra del Tesoro por importe de 943.396 ptas. con el compromiso de recomprársela dentro de tres meses por 962.264 ptas.

La operación anterior es, en esencia, un depósito a plazo constituido por FLOPPY con garantía de la Letra. Transcurrido el período de tres meses el Banco la recuperará y aquél habrá percibido la suma inicial más un dos por ciento de interés:

$943.396 \times 1{,}02 = 962.264$ ptas.

---

[8] Forma abreviada de «repurchasing agreement»: pacto de recompra.

TEMA 2:
La estructura actual del Sistema Financiero Español

PRUEBA OBJETIVA

1. *a)*
2. *c)*
3. *c)*
4. *b)*
5. *c)*
6. *a)*

COMENTARIO PRACTICO

1. La respuestas correctas a este ejercicio siguen el mismo orden de los tres apartados incluidos en la pregunta utilizando las siguientes siglas:

— BE = Banco de España.

— CECA = Confederación Española de Cajas de Ahorros.

— CCCNMV = Comité Consultivo de la CNMV

— CMNV = Comisión Nacional del Mercado de VAlores.

— DGS = Dirección General de Seguros.

— DGTYPF = Dirección General del Tesoro y Política Financiera.

— EC = Entidad de crédito.

— ECAOL = Entidad de crédito de ámbito operativo limitado.

— JCS = Junta Consultiva de Seguros

a) ICO:
   1) EC.
   2) BE.
   3) No tiene.
b) Fondos de Pensiones:
   1) No EC.
   2) DGS.
   3) JCS.
c) Sociedades de Capital Riesgo:
   1) No EC.
   2) DGTYPF.
   3) No tienen.
d) Bancos:
   1) EC.
   2) BE.
   3) No tienen.
e) Entidades de Financiación:
   1) ECAOL.*
   2) BE.
   3) No tienen.
f) Cajas de Ahorros:
   1) EC.
   2) BE.
   3) CECA.
g) Sociedades de Inversión Mobiliaria (son instituciones de inversión colectiva):
   1) No EC.
   2) CNMV.
   3) CCCNMV.
h) Sociedades de Valores:
   1) No EC.
   2) CNMV.

   3) CCCNMV.

i) Cooperativas de Crédito:
   1) EC.
   2) BE.
   3) No tienen.

j) Sociedades de Garantía Recíproca:
   1) No EC.
   2) BE.
   3) No tienen.

k) Agencias de Valores:
   1) No EC.
   2) CNMV.
   3) CCCNMV.

l) Sociedades de Arrendamiento Financiero:
   1) ECAOL.*
   2) BE.
   3) No tienen.

m) Cajas Rurales:
   1) EC.
   2) BE.
   3) No tienen.

n) Fondos de Inversión Mobiliaria (son instituciones de inversión colectiva):
   1) No EC.
   2) CNMV.
   3) CCCNMV.

ñ) Sociedades de Crédito Hipotecario:
   1) ECAOL.*
   2) BE.
   3) No tienen.

o) Sociedades de Seguros:
   1) No EC.

2) DGS.
3) JCS.

p) Sociedades Mediadoras del Mercado de Dinero (SMMD):
1) ECAOL.*
2) BE.
3) No tienen.

---

* Desaparecerán antes del 31 de diciembre de 1996, debiendo optar por convertirse en Establecimientos Financieros de Crédito o desaparecer.

TEMA 3:
Los flujos financieros de la economía española

PRUEBA OBJETIVA

1. *a)*

COMENTARIO PRACTICO

1. El cuadro de la página siguiente recoge las cifras pedidas.

a) Para el cálculo de la CF o NF se utiliza la fórmula

$$R - E = \begin{cases} > 0 \text{ CF} \\ < 0 \text{ NF} \end{cases}$$

teniendo en cuenta que:

— R = recursos = ahorro bruto + transferencias de capital recibidas.

— E = empleos = transferencias de capital entregadas + formación bruta de capital + adquisición neta de terrenos.

— La CF y NF aparecen en la cuenta de capital siempre como *un empleo, con signo positivo para CF y negativo para NF.*

CUENTAS DE CAPITAL Y FINANCIERA (1994)
Total sectores

	Instituciones de crédito		Empresas de seguro		Administraciones públicas		Empresas no financieras y familias		Resto del mundo		Total	
	R	E	R	E	R	E	R	E	R	E	R	E
Cuenta de Capital												
S.4. Ahorro bruto	1060,0	—	89,2	—	-1480,8	—	12279,8	—	803,0	—	12751,2	—
11. Transferencias de capital	69,3	71,2	—	—	633,4	956,6	960,1	290,8	53,7	397,9	1716,5	1716,5
12. Formación bruta de capital	—	373,7	—	60,4	—	2446,7	—	9870,3	—	—	—	12751,1
13. Adquisición neta de terrenos	—	—	—	—	—	60,1	—	-59,9	—	—	—	0,2
S.5. Capacidad (+) o necesidad (-) de financiación	—	684,5	—	28,8	—	-4310,7	—	3138,6	—	458,8	—	—
T. Total	1129,3	1129,4	89,2	89,2	-847,3	-847,3	13239,9	13239,9	856,7	856,7	14467,7	14467,8
Ajuste cta. de capital/cta. financiera	—	—	—	—	—	1,1	—	-1,1	—	—	—	—
Cuenta Financiera												
Ahorro financiero neto	684,5	—	28,8	—	-4309,6	—	3137,5	—	458,8	—	—	—
Variación neta de activos financieros	—	3519,6	—	1675,4	—	318,5	—	9032,1	—	-174,9	—	14370,7
Variación neta de pasivos financieros	2835,1	—	1646,4	—	4628,1	—	5894,6	—	-633,7	—	14370,7	—
1. *Oro y posición organismos interna.*	—	-46,2	—	—	—	—	—	—	-46,2	—	-46,2	-46,2
1.1. Oro	—	—	—	—	—	—	—	—	—	—	—	—
1.2. DEG	—	3,3	—	—	—	—	—	—	3,3	—	3,3	3,3
1.3. Posición y créditos del FMI	—	-0,1	—	—	—	—	—	—	-0,1	—	-0,1	-0,1
1.4. Posición en el FECOM	—	-49,4	—	—	—	—	—	—	-49,4	—	-49,4	-49,4
2. *Efectivo y depósitos transferibles*	87,1	189,8	—	14,9	27,1	-1384,0	—	1351,6	51,1	-7,0	165,3	165,3
2.1. Efectivo y depósitos en pesetas	77,3	148,9	—	4,7	27,1	-1384,0	—	1346,0	—	-11,2	104,4	104,4
2.2. Efectivo y depósitos en moneda extranjera	9,8	40,9	—	10,2	—	—	—	5,6	51,1	4,2	60,9	60,9
3. *Otros depósitos*	834,7	-4382,9	0,2	703,1	-0,9	297,7	-18,8	2048,1	-1765,6	979,1	-950,3	-950,3
3.1. Otros depósitos en pesetas	1206,0	-3076,9	0,2	702,5	-0,9	-297,7	-18,8	1993,1	-620,0	1245,5	566,5	566,5
3.2. Otros depósitos en moneda extranjera	-371,3	-1306,0	-	0,6	—	—	—	55,0	-1145,5	-266,4	-1516,8	-1516,8
4. *Valores a corto plazo*	—	1177,8	—	53,4	974,2	-27,6	-306,2	-376,0	—	-159,6	668,0	668,0
5. *Obligaciones*	342,9	3581,1	—	745,5	1795,2	25,4	-74,2	605,2	62,4	-2830,9	2126,3	2126,3
6. *Valores de renta variable*	1576,8	418,8	28,6	67,5	—	207,9	1211,1	1593,0	612,9	1142,2	3429,4	3429,4
6.1. Acciones	352,0	408,5	28,6	58,6	—	91,6	914,2	283,5	506,4	959,0	1801,2	1801,2
6.2. Participaciones en fondos de inversión	1224,8	10,3	-	8,9	—	—	—	1203,0	—	2,6	1224,8	1224,8
6.3. Otras participaciones	—	—	—	—	—	116,3	296,9	106,5	106,5	180,6	403,4	403,4
7. *Créditos*	475,6	2819,5	29,2	71,4	1630,5	617,5	3511,6	1288,1	-149,1	701,3	5497,8	5497,8
7.1. Créditos en pesetas	249,0	2866,5	29,2	71,4	1040,4	617,5	3849,2	1306,5	-158,1	147,8	5009,7	5009,7
7.2. Créditos en moneda extranjera	-40,4	-301,3	—	—	641,2	—	-337,6	20,0	9,0	553,5	272,2	272,2
7.3. Valores no negociables	267,0	254,3	—	—	-51,1	—	—	-38,4	—	—	215,9	215,9
8. *Reservas técnicas de seguro*	-281,2	—	1603,1	11,5	—	—	57,5	1375,8	7,7	—	1387,3	1387,3
9. *Otros*	-200,8	-238,3	-14,5	8,1	202,2	1177,0	1513,4	1146,3	593,0	—	2093,1	2093,1

R = Recursos (ingresos y variación neta de pasivos financieros) y E = Empleos (gastos y variación neta de activos financieros).

b) El ahorro financiero neto se anota siempre como recurso (con signo más o menos) y coincide con la CF o la NF aunque, en algunos casos, surgen disparidades derivadas de las fuentes estadísticas utilizadas que se recogen en la partida de ajuste de la cuenta de capital y financiera. Así sucede en los sectores de Administraciones Públicas y de Empresas no financieras y familias del cuadro objeto de comentario.

2. En primer lugar se observa la fuerte NF de las Administraciones Públicas, producto de un ahorro bruto negativo —su consumo supera a su renta disponible—, unas transferencias netas de capital negativas —las concedidas son mayores que las recibidas— y una cuantiosa inversión pública realizada —casi 2,45 billones de pesetas.

En segundo término, el resto de los sectores tienen CF, es decir, su ahorro bruto más las transferencias netas de capital son superiores a la formación bruta de capital realizada más la adquisición neta de terrenos.

De esta manera las AA.PP. se han endeudado en el período en más de 4,3 billones de pesetas, financiados por los restantes sectores en las siguientes cuantías:

— Empresas no financieras y familias, más de 3,1 billones.

— Instituciones de crédito, casi 700 mil millones.

— Resto del mundo, unos 460 mil millones.

— Empresas de seguro, cerca de 30 mil millones.

En consecuencia y con el fin de cubrir el desfase financiero a que esta situación da lugar, se realizan emisiones de pasivos financieros y adquisiciones de activos que se recogen en la cuenta financiera.

Por tanto, el cuadro refleja en el sector de las AA.PP. una

variación neta de pasivos muy superior a la de los activos, mientras que en el resto de los sectores la situación es justamente la inversa.

3. Dentro de las **instituciones de crédito** se observa que las variaciones más importantes en los pasivos financieros -es decir, en los instrumentos que utilizan para captar recursos- han tenido lugar mediante la venta de *participaciones en los fondos* de inversión —1.224,8 miles de millones de ptas. = 1,2 billones— captación de 1,2 billones en *otros depósitos en pesetas* —depósitos de ahorro y a plazo, cesiones temporales, operaciones interbancarias, etc.—. Por otra parte, *otros depósitos en moneda extranjera* ha sufrido una reducción de 371,3 miles de millones de ptas.

Por el lado de los activos financieros, que suponen la financiación concedida por estas instituciones a los demás sectores de la economía, las variaciones más importantes se han producido en las *obligaciones* —deuda pública a medio y largo plazo, empréstitos de empresas, etc.— con un aumento de casi 3,6 billones; una significativa reducción de casi 3,1 billones en los activos mantenidos en *otros depósitos en pesetas* y un crecimiento de casi 2,9 billones en concesiones de *créditos en pesetas.*

En las **empresas de seguro**, la casi totalidad de los recursos captados ha sido realizada mediante las *reservas técnicas de seguro* —1,6 billones— en tanto que los *créditos en pesetas* y la *emisión de acciones* son prácticamente irrelevantes.

Las variaciones en activos se han traducido en aumentos de las *obligaciones, otros depósitos en pesetas* y *créditos en pesetas.*

Las **Administraciones Públicas (AA.PP.)**, con el fin de atender a sus fuertes necesidades de financiación, han emitido en el período volúmenes cuantiosos de pasivos financieros: 1,8 billones en *obligaciones* —deuda pública a medio y largo plazo—; *un billón en créditos en pesetas;* cerca de otro billón en *valores a corto plazo* —Letras del Tesoro, Pagarés Forales y pagarés de Comunidades Autónomas y Corporaciones Locales—; y *créditos en moneda extranjera* por más de 600 mil millones.

Prescindiendo de las operaciones recogidas en la partida *otros* —cuentas pendientes de cobro—, que tiene un cierto carácter residual, las variaciones de los activos financieros son consecuencia de una reducción de casi 1,4 billones en el *efectivo y depósitos en pesetas* —menores saldos en cuenta corriente, especialmente en el Banco de España— y de cerca 300 mil millones en *otros depósitos en pesetas* y del aumento de los *créditos en pesetas* superior a 600 mil millones.

Las operaciones financieras de **Empresas no financieras y familias** son las que muestran volúmenes mayores. Entre las variaciones de pasivos financieros y prescindiendo nuevamente de la partida *otros,* destacan los recursos obtenidos por la vía de *créditos en pesetas,* 3,85 billones, la emisión de *acciones,* ligeramente por encima de los 900 mil millones y la reducción en los *créditos en moneda extranjera,* superior a los 300 mil millones. Por el lado de los activos se observa el crecimiento de: *otros depósitos en pesetas,* cercanos a los dos billones, *reservas técnicas de seguro,* 1,376 billones, *efectivo y depósitos en pesetas,* casi 1,35 billones, *créditos en moneda extranjera* —créditos de carácter comercial, etc.— por 1,3 billones y adquisición de *participaciones en fondos de inversión* por 1,2 billones.

El **Resto del mundo** ha variado sus tenencias de instrumentos financieros en el período de la siguiente forma: ha amortizado sus pasivos en *otros depósitos,* tanto *en moneda extranjera* como *en pesetas,* en más de 1,75 billones, obteniendo en cambio recursos mediante la emisión de *acciones* por más de medio billón. Por el lado de los activos, las variaciones que se observan son las siguientes: reducción en más de 2,8 billones en la tenencia de *obligaciones,* y un aumento de casi 1,25 billones en *otros depósitos en pesetas* y de 959 mil millones de pesetas en *acciones.*

Debe tenerse presente que el análisis se hace siempre desde la perspectiva del sector y, por tanto, las variaciones del resto del mundo corresponden a operaciones del exterior con España. En este sentido, una compra de acciones por aquél supone una venta de acciones de empresas residentes y, por tanto, un aumento de nuestros pasivos financieros y, consecuentemente, la obtención de recursos por parte de residentes en nuestro país. Tal sería el caso de una inversión extranjera en cartera. Por el contrario, una reducción de los pasivos financieros del resto del mundo, como en el caso de otros depósitos, implica una disminución de nuestros activos sobre no residentes en España.

TEMA 4:
Banco de España y Mercado de Divisas

PRUEBA OBJETIVA

1. *c)*
2. *c)*
3. *d)*
4. *a)*
5. *d)*
6. *c)*
7. *b)*
8. *d)*
9. *d)*
10. *b)*
11. *d)*

EJERCICIOS

1. El Banco de España obtiene la cotización oficial de la peseta (ESP) con relación al dólar (USD) a través del marco alemán (DEM), de la siguiente forma:
1 USD = 1,40 DEM.
1 DEM = 86,50 ESP.
1 USD = 1,40 DEM × 86,50 ESP = 121,10 ESP

2. *a)* La posición en una moneda es la diferencia entre la suma de sus activos en esa divisa, incluidos los productos y los compromisos de compra, y la de sus pasivos, que incorporan tanto los costes como los compromisos de venta. En términos generales diremos que:

Posición = $\sum A - \sum P$ siendo A = activos y P = pasivos.

2. *b)* Cuando $\sum A - \sum P = 0$ la posición es cerrada (está cuadrada). Por el contrario, si $\sum A - \sum P \neq 0$ la posición es abierta.

En el primer caso, la entidad ha invertido en esa moneda la misma cuantía de recursos que ha tomado del mercado, mientras que en el segundo caso, su saldo será positivo o negativo.

2. *c)* La posición abierta significa que las cantidades invertidas y los recursos captados en esa divisa no coinciden. Puede suceder entonces que:

$\sum A - \sum P > 0$ en cuyo caso la posición es larga, o que

$\sum A - \sum P < 0$ y entonces la posición es corta.

3. Una posición cerrada implica que la diferencia entre la suma de los activos y la de los pasivos es nula. En la siguiente representación se observa como coinciden la suma de los créditos y valores con el total de depósitos, cesiones temporales y títulos hipotecarios emitidos.

BANCO VIONTA (Saldos operaciones en dólares)

Créditos	50	Depósitos	40
Pagarés de empresa	20	Cesiones temporales	30
Bonos y obligaciones	30	Títulos hipotecarios	30
TOTAL ACTIVOS	100	TOTAL PASIVOS	100

En esta situación cualquier apreciación o depreciación en la cotización del dólar no tendrá efectos patrimoniales sobre el Banco ya que, al ser la posición cerrada, el valor en pesetas de los activos y pasivos fluctúa en el mismo sentido y sus movimientos se compensan[10]. En este caso, la entidad es inmune a las variaciones en el tipo de cambio del dólar y, por ello, no está sometida al riesgo de cambio.

No sucede lo mismo cuando la posición es abierta. En el caso de que ésta sea corta —la suma de activos en dólares es inferior a la de los pasivos—, se corresponde con el ejemplo siguiente:

BANCO VIONTA (Saldos operaciones en dólares)

Créditos	50	Depósitos	40
Pagarés de empresa	20	Cesiones temporales	30
Bonos y obligaciones	10	Títulos hipotecarios	30
TOTAL ACTIVOS	80	TOTAL PASIVOS	100

La entidad muestra una posición neta negativa de 20 dólares y estaría expuesta al riesgo de tipo de cambio. Una apreciación de la divisa estadounidense incrementa su deuda en pesetas. En efecto, si el dólar pasase de 120 ptas. a 150, el Banco Vionta debería, en términos netos, 3.000 ptas. frente a las 2.400 iniciales. Por el contrario, una depreciación de esa moneda reduce la cantidad adeudada en pesetas. Si el dólar bajase desde las 120 ptas. a las 110, el Banco resultaría favorecido ya que su saldo neto negativo se habría reducido en 200 ptas. (2.200 frente a 2.400).

---

[10] Para facilitar la comprensión suponemos que todos los instrumentos financieros tienen el mismo plazo de vencimiento que, además, coincide con la fecha actual.

Con una posición larga los efectos son los contrarios. El Banco mostrará ahora una posición neta positiva. Por ejemplo:

BANCO VIONTA (Saldos operaciones en dólares)

Créditos	50	Depósitos	40
Pagarés de empresa	20	Cesiones temporales	20
Bonos y obligaciones	30	Títulos hipotecarios	20
TOTAL ACTIVOS	100	TOTAL PASIVOS	80

Una apreciación del dólar (desde 120 ptas. a 150) supondrá para el Banco un beneficio por diferencias de cambio de 600 ptas. (20 x 150 = 3.000 frente a las 2.400 anteriores). Por el contrario una depreciación de la divisa norteamericana dará lugar a pérdidas. Al Banco le deben los mismos dólares de antes pero éstos tienen ahora menor valor en pesetas.

4.

4.1. El tipo de cambio a plazo de una divisa se obtiene fundamentalmente a partir del tipo de cambio al contado y los tipos de interés, al plazo considerado, existentes en el mercado de las dos divisas.

De acuerdo con el principio de equivalencia de capitales debe resultar indiferente adquirir las divisas y rentabilizar su importe en el mercado correspondiente o mantenerlo en moneda nacional invertida al tipo de interés vigente. De esta manera y de cara al USD nos enfrentamos a las siguientes posibilidades:

a) En el mercado del eurodólar, un dólar se transformará al cabo de seis meses en:

1 + 0,057 : 2 = 1,0285 USD.

b) Por su parte, las 121,10 ESP (tipo de cambio al contado de un USD) se convertirán en seis meses en el mercado interbancario en:

121,10 (1 + 0,095 : 2) = 126,85 ESP.

El tipo de cambio a plazo de seis meses de la peseta respecto al dólar será el resultado de dividir la capitalización de ambas divisas a sus respectivos tipos de interés:

126,85 ESP : 1,0285 USD = 123,33 ptas. por USD.[11]

Luego, la fórmula que se ha utilizado es la siguiente:

$Tp = Tc\ (1 + r_{pta} \times t/12) : (1 + r_{\$} \times t/12)$

en la que:

Tp = tipo de cambio a plazo (1, 3, 6 meses, ...)
Tc = tipo de cambio al contado.
r_{pta} = tipo de interés de la peseta, en tanto por uno, al plazo fijado.[12]
$r_{\$}$ = idem del dólar.
t = plazo expresado en meses.
Aplicando esta fórmula al marco alemán obtendremos el tipo de cambio a plazo de seis meses de la peseta:
$Tp = 86,50\ (1 + 0,095 \times 6/12) : (1 + 0,04 \times 6/12) = 88,83$

4.2. Una moneda está a premio cuando su tipo de cambio al contado es mayor que su tipo de cambio a plazo, expresados ambos en términos de esa moneda. En conse-

---

11 El tipo de cambio a plazo del mercado suele diferir en céntimos del obtenido mediante los tipos de interés, al incorporar otros factores de muy escasa importancia.

12 Aunque los tipos de interés son diferentes en función del plazo (suelen crecer con el tiempo), se expresan siempre en tasas anuales.

cuencia, se abarata con el tiempo. A la inversa, una divisa está a descuento cuando su cotización a plazo es superior a la de contado, es decir, se encarece con el paso del tiempo.

En el ejercicio anterior se observa que la peseta está a descuento tanto con respecto al USD como al DEM. En efecto, su Tp > Tc; 123,33 ptas. por dólar a plazo frente a las 121,10 al contado y 88,83 ptas. por marco frente a 86,50.

Por el contrario, tanto el USD como el DEM estarían a premio con relación a la peseta ya que su tipo de cambio al contado sería mayor que su cotización a plazo:

1 pta. = 0,0082576 USD. al contado y a 6 meses = 0,0081083.

1 pta. = 0,01156 DEM. al contado y 0,011257 a 6 meses.

Por tanto, si una moneda está a premio con respecto a otra, ésta se halla a descuento con la primera. Además y de acuerdo con la fórmula utilizada para el cálculo, la relación entre las monedas es función de los diferenciales de intereses. Así, las divisas que tienen tipos de interés comparativamente más altos estarán a descuento y a premio, cuando aquéllos sean menores.

TEMA 5:
Política monetaria y sistema monetario europeo

PRUEBA OBJETIVA

1. *b)*
2. *c)*
3. *d)*
4. *a)*
5. *b)*
6. *c)*
7. *b)*
8. *b)*
9. *b)*
10. *c)*
11. *a)*

EJERCICIOS

1. La reducción del coeficiente de caja desde el 17 al 5 por 100 suponía liberar de manera inmediata un 12 por 100 de los pasivos computables de las entidades de crédito, por un importe total de 3,316 billones de ptas., más del doble de los activos de caja exigidos a partir de ese momento. Esta impresionante cantidad de dinero en manos de las entidades de crédito provocaría un crecimiento enorme de los agregados monetarios y, consecuentemente, daría lugar a un fuerte incremento de la tasa de inflación de nuestro país.

Con el fin de evitar estos efectos indeseados, las Autoridades Monetarias decidieron drenar ese volumen de liquidez demorando y, sobre todo, escalonando su devolución en ocho años mediante cuotas semestrales crecientes, para reducir su impacto. El instrumento elegido fueron los Certificados del Banco de España (CEBES).

Los efectos más importantes que esta medida ha tenido sobre las entidades de depósito son los siguientes:

— Inicialmente poco importantes sobre su rentabilidad ya que la sustitución de los CEBES por los depósitos mantenidos en el Banco de España se hizo de forma que la retribución obtenida por ambos pasivos fuera similar.

— Se redujeron los costes de captación de nuevos depósitos ya que a ellos se les comenzó a aplicar el nuevo coeficiente del 5 por 100 y, por tanto, las entidades disponían ahora de más recursos libres (95 de cada 100 frente a los 83 de antes) para invertir en activos rentables tales como préstamos, adquisición de activos financieros, etc.

— Como consecuencia de lo anterior se inició una mayor competencia en la captación de nuevos recursos que dio lugar a retribuciones más altas y a un riesgo adicional de contagio sobre los ya existentes con anterioridad, relativamente más gravosos al quedar sometidos por la vía de los CBES al anterior coeficiente del 17 por 100.

2. La reducción de las reservas de oro y divisas se ha producido por el compromiso, adquirido por el Banco de España (BE) al entrar la peseta en el mecanismo de cambios del Sistema Monetario Europeo (SME), de intervenir, obligatoria e ilimitadamente, para mantener nuestra moneda dentro de la banda de fluctuación establecida. Como el problema se planteó básicamente con el marco alemán la actuación se realizó mediante venta de la divisa alemana (con el fin de aumentar su oferta y provocar la caída de su cotización) contra compra de pesetas, para lograr su apreciación.

Al adquirirlas, el BE reduce sus pasivos monetarios y, con ellos, la base monetaria —compuesta por efectivo en manos del público y el efectivo y los activos de caja del sistema crediticio (depósitos a la vista en el Banco de España)—, lo cual genera tensiones de liquidez en los agentes de la economía. Con el fin de evitarlas, el BE debe compensar esas variaciones mediante una política monetaria expansiva: aumento de los préstamos a las entidades del sistema bancario, reducción del coeficiente de caja —menor exigencia de activos de caja y, en consecuencia, posibilitar la aplicación de recursos cautivos a nuevas inversiones, etc.

En el caso concreto que estamos analizando el Banco optó por reducir el coeficiente de caja en punto y medio (desde el 4,5 al 3 por 100) en diciembre de 1992.

3. En primer lugar, y tal como se desprende de la respuesta a la cuestión anterior, la reducción del coeficiente de caja da lugar a un exceso de la liquidez mantenida por los bancos que tratarán de invertirla para liberar un recurso estéril —es decir, no rentable—, iniciándose un proceso de expansión de los activos bancarios.

En segundo término, la rebaja del coeficiente supone un menor coste de oportunidad para las entidades al tener que mantener un porcentaje menor de activos ociosos. Ello les incentiva a captar más recursos y, tal como vimos en el párrafo anterior, a realizar un mayor volumen de inversión.

Una actuación generalizada en este sentido generará un incremento de la competencia y, como consecuencia, un aumento de los tipos de interés de los depósitos y/o una rebaja en el coste de los créditos.

Finalmente, no debe olvidarse que estas medidas han buscado también equiparar las instituciones bancarias españolas a las europeas con el fin de evitar situaciones de desventaja competitiva.

4. Antes de la Ley 13/1994 el Tesoro, durante el año, podía obtener del BE anticipos sin interés, obligándose a liquidarlos al final del ejercicio. Esto daba lugar a que el sector público generase, en cualquier momento, liquidez a su voluntad sin que el BE pudiera hacer nada para evitarlo. El crédito al sector público era, junto con el efectivo en manos del público y los activos sobre el sector exterior, un factor autónomo de creación de liquidez.

Con la Ley de Autonomía, el Banco de España queda liberado de esa restricción y pasa a definir y ejecutar la política monetaria con mayores dosis de libertad e independencia frente al Gobierno que ahora tiene que obtener los recursos directamente del mercado. De esta forma el crédito al sector público ha dejado de ser un factor autónomo de creación de liquidez.

TEMA 6:
Mercados monetarios

PRUEBA OBJETIVA

1. *b)*
2. *d)*
3. *d)*
4. *c)*
5. *c)*
6. *d)*
7. *a)*
8. *c)*
9. *b)*
10. *a)*
11. *a)*
12. *d)*
13. *b)*
14. *d)*
15. *d)*
16. *d)*
17. *c)*
18. *d)*

EJERCICIOS

1. *a)* Para conocer el precio marginal no tenemos más

que restar las peticiones no competitivas, que se adjudican en su totalidad, del volumen aceptado por el Tesoro y buscar luego el precio que corresponda.

En el caso anterior, 340 – 40 = 300. Como la suma de las peticiones A, B, C, D, E y F asciende a 380 mm. y sin la F supone sólo 180, el Tesoro aceptará todas ellas, si bien para la última sólo 120 de las 200 ofrecidas, lo que dará lugar a un prorrateo del 60 por 100 —120 sobre 200— para el bloque F.

El precio marginal resultante, el más barato para los compradores y el más caro para el Tesoro, es del 92 por 100, es decir de 920.000 ptas. por cada millón nominal.

b) Las peticiones aceptadas son todas las no competitivas y de las competitivas, A a E en su totalidad, la F sólo en el 60 por 100, quedando sin adjudicar las correspondientes a los grupos G y H.

La técnica seguida por el Tesoro para determinar los precios es la conocida como convencional corregida, que adjudica las peticiones al precio más favorable para el suscriptor entre el ofrecido y el medio ponderado (PMeP)[13]. De esta manera, las pujas presentadas que superen este último se adjudicarán al PMeP y las situadas entre éste y el marginal se otorgarán al ofrecido.

En el caso propuesto, el precio medio ponderado (PMeP) resultante es:

$$\text{PMeP} = \frac{93{,}25 \times 12 + 93 \times 20 + 92{,}75 \times 28 + 92{,}5 \times 40}{300} +$$

[13] La técnica convencional consiste en adjudicar a cada uno de acuerdo con el precio ofrecido.

$$+ \frac{92{,}25 \times 80 + 92 \times 120}{300} = 92{,}32 \text{ por } 100.$$

A, B, C y D tendrían que abonar 923.200 ptas. por cada título —cuyo nominal es de un millón—, E 922.500 y F 920.000.

Debe tenerse presente que la rentabilidad de la operación es inversamente proporcional al precio abonado. En efecto, de acuerdo con la siguiente fórmula que relaciona ambas variables:

$$P = \frac{100}{1 + \dfrac{n\,i}{36.000}}$$

y teniendo en cuenta que:
P = precio en tanto por ciento.
n = número de días hasta el vencimiento e
i = tipo de interés en tanto por ciento,

se observa que el precio y el tipo de interés fluctúan en sentido inverso. Por tanto, cuanto más bajo sea el precio más alta será la rentabilidad y viceversa.

2. La razón estriba en la existencia o no del denominado riesgo de crédito. En efecto, en el mercado interbancario de depósitos este riesgo existe y, pese a tratarse en general de entidades de elevada solvencia, puede suceder, y de hecho ya ha ocurrido, que llegado el momento del vencimiento del depósito —que no es sino un préstamo— el prestatario no proceda a la devolución del mismo, perjudicando de esta manera al prestamista. Por ello, existe un lógico interés en conocer quien es la contrapartida ya que en función de ella se establecerán las condiciones contractuales. En un mercado así no resulta indiferente saber con quien se opera y no cabe la transacción anónima o «ciega».

Por el contrario, en el Mercado de Deuda Pública Anotada se negocian títulos emitidos por las Administraciones Públicas, de elevada solvencia, y por tanto resulta relativamente indiferente saber con quien se opera, especialmente cuando es al contado, ya que el riesgo de crédito no existe y los demás quedan muy limitados. En casos así se justifica el funcionamiento del mercado ciego o red anónima de cotización.

TEMA 7:
Visión de conjunto de las entidades de crédito

PRUEBA OBJETIVA

1. *a)*
2. *a)*
3. *b)*
4. *d)*
5. *a)*
6. *d)*
7. *c)*
8. *a)*
9. *c)*
10. *c)*
11. *c)*
12. *b)*
13. *b)*
14. *b)*

EJERCICIOS

1. De acuerdo con la Segunda Directiva de Coordinación Bancaria, cuyas normas han sido incorporadas prácticamente a las legislaciones nacionales de los países de la Unión Europea —en España mediante la Ley 3/1994—, no es preciso pedir permiso para instalar una sucursal en Londres a las Autoridades británicas, ya que el principio de *autorización única* establece que es competencia del país de origen su concesión o denegación.

Si el Banco de España autoriza la apertura solicitada por el Banco de Vilalonga, deberá comunicarlo al Banco de Inglaterra acompañando el programa de actividades que pretenda realizar el banco (dentro de la lista establecida por la Directiva), el domicilio de la sucursal en Londres, la relación de directivos, el importe de los recursos propios, su coeficiente de solvencia y el sistema de garantía de depósitos aplicable a los depositantes de la oficina.

No tendrá, por tanto, que dotar con capitales adicionales a la sucursal y las actividades que realice en Londres vendrán marcadas por el Banco de España —de conformidad con la legislación española— y nunca por el Banco de Inglaterra, si bien éste mantiene competencias en temas relacionados con el control de la liquidez y la política monetaria.

Si la regulación española fuera más permisiva que la británica el Banco de Vilalonga realizaría operaciones en el Reino Unido no autorizadas a los bancos ingleses, dando lugar al principio de *discriminación inversa,* que tendría como efecto inmediato la protesta de las entidades de crédito británicas a sus Autoridades con el objeto de erradicar la situación de discriminación en la que se encuentran y establecer una posición de igualdad competitiva.

Podemos señalar como conclusión, que la discriminación inversa va a dar lugar a una tendencia general hacia el modelo más desregulado de funcionamiento de las entidades de crédito.

2. El coeficiente de caja es una relación entre los activos computables (denominados activos de caja), actualmente sólo los depósitos en la cuenta corriente del Banco de España, y los pasivos sometidos a cómputo (recursos de terceros captados, intermediados o garantizados por las entidades obligadas).

En el caso propuesto son pasivos computables los siguientes: depósitos en pesetas del público (a la vista, de ahorro y a plazo) y empréstitos adquiridos por residentes, tanto a corto como a largo plazo. La cuantía total de ellos ascendería a 455 mil millones de pesetas (100 + 110 + 215 + 10 + 20). Las restantes partidas no serían computables; las tres primeras porque se trata de activos y no de pasivos; las dos siguientes (capital y reservas) son recursos aportados o pertenecientes a los socios de la entidad y constituyen fondos propios; los préstamos obtenidos en el interbancario proceden de otros intermediarios financieros —por tanto, ya gravados en sus respectivos coeficientes— y la última, son fondos exentos por haber sido facilitados por el Banco de España (no han sido obtenidos de terceros).

Como el coeficiente legal de caja es igual al 2 por 100, el Banco de la Grosa deberá mantener en cuenta corriente del Banco de España una cuantía mínima de:

455 mm × 2% = 9.100 millones de pesetas.

3. La fórmula del coeficiente de solvencia es la siguiente:

$$C_s = \frac{\sum \text{Recursos propios}}{\sum A_i\, P_i} \geq 8\ \%$$

en la que C_s = coeficiente de solvencia.

A_i = activos, posiciones y cuentas de orden sometidas a riesgo.

P_i = ponderación en función del riesgo.

Como lo que se pide son los recursos propios mínimos para cubrir este coeficiente, comenzaremos determinando la cuantía del denominador. Para ello clasificaremos los activos de acuerdo con el riesgo.

En primer lugar, la normativa considera que no están sometidos a riesgo (ponderación del 0 por 100) los que se mantengan frente al Estado, Banco de España, Deuda Pública de las Comunidades Autónomas siempre que cuenten con la autorización del Estado, etc. En el ejercicio planteado, corresponden a este grupo los activos sobre la Administración Central, el efectivo y la partida Banco de España (depósitos mantenidos por la Caja) y la Deuda Pública de la DGA autorizada por el Estado. La suma de todos estos activos es de 360 mm. (100 + 10 + 240 + 10) que al multiplicar por la ponderación nula daría lugar a unos activos de riesgo 0.

En segundo lugar, entre los que mantienen una ponderación del 20 por 100 tenemos los siguientes: los constituidos frente a las Comunidades Autónomas, las Corporaciones Locales, entidades de crédito, ... En el caso que estamos analizando corresponde a los otros activos de la DGA., Ayuntamiento de Zaragoza e intermediarios financieros con una suma total de 10 + 10 + 13 = 33 mm. que, al aplicarle el 20 % daría un resultado de 6.600 millones de ptas.

En tercer lugar, los préstamos hipotecarios sobre viviendas tienen una ponderación del 50 por 100, es decir, de la mitad del valor de los activos que, aplicada en este caso a las 200 mm. nos daría un riesgo computable de 100 mm.

En último lugar consideraremos el resto de activos de ponderación 1, que, por tanto, se computan por su valor total. En el ejercicio, el activo real y las inversiones crediticias y los valores adquiridos al sector privado cuya suma total es de 1.050 mm.

Los activos computables totales ascienden, por tanto, a 6,6 + 100 + 1.050 = 1.156,6 mm. que, al aplicarles el 8 por 100, nos determinan unos recursos propios mínimos de 92.528 millones de ptas., necesarios para que la Caja considerada cumpla el coeficiente de solvencia.

Merece la pena destacar en este ejercicio que el coeficiente es, básicamente, una relación entre recursos propios y activos ponderados en función del riesgo.

4.

4.1. Los compromisos y cuentas de orden se someten a una doble ponderación. En primer lugar se multiplicarán por un factor de corrección del riesgo que los agrupa en cuatro niveles: alto, 100 %, medio, 50 %, medio-bajo, 20 % y bajo, 0 %. A continuación se les aplicarán las ponderaciones generales atribuidas a las contrapartes, ya consideradas en el ejercicio anterior.

Los recursos propios adicionales exigidos a la Caja son los siguientes:

	Cuantía	*Riesgo*	*Contraparte*[14]	*Comp.*
— Avales, endosos, etc.	25	100%	100%	25
— Fianzas obras	2	50%	100%	1
— Créditos document.	2	20%	100%	0,4
— Disponibles < 1 año	100	0%	100%	0
TOTAL				26,4

La Caja, por estos riesgos de fuera de balance, tendrá que incrementar sus recursos propios en una cuantía de:

26,4 mm. × 8 % = 2.112 millones de ptas.

[14] Al tratarse todos ellos de riesgos contraídos con el sector privado les corresponde una ponderación del 100 %.

4.2. Como es lógico la regulación sobre el coeficiente de solvencia determina que los resultados negativos, de ejercicios anteriores o del actual, y los activos inmateriales deberán deducirse de los recursos propios. Por tanto, para que la Caja del Jiloca pueda cumplir con el coeficiente deberá mantener un total de:

— Por riesgos de crédito en el balance (calculados en el ejercicio 3)	92.528
— De fuera de balance (4.1.)	2.112
— Por activos inm. y pérdidas ej. ant.	50.000
TOTAL RECURSOS PROPIOS MINIMOS	144.640

5. Tal como se ha mostrado en el ejercicio anterior, para cumplir el coeficiente de solvencia la Caja necesita unos recursos propios mínimos de 144.640 millones de ptas. Lo que se busca en éste es, de acuerdo con los datos facilitados, calcular la cifra realmente mantenida por la entidad (el numerador del coeficiente) y ver si es suficiente.

En primer lugar tenemos que clasificar los RP en básicos y de segunda categoría. El Fondo fundacional, las reservas efectivas y los fondos genéricos corresponden a los básicos. Su suma supone un total de:

$20 + 40 + 10 = 70$

Este dato es muy importante ya que los de segunda categoría nunca pueden superar a los básicos y las financiaciones subordinadas se computarán hasta un máximo del 50 por 100 de aquéllos.

Pertenecen a este segundo grupo los fondos de la OBS materializados en inmuebles (20), las reservas de revalorización de activos (20) y las financiaciones subordinadas

(40). Como estas últimas superan el 50 por 100 de los recursos básicos sólo serán computables hasta el 50 por 100, es decir, su límite son 35. Además, teniendo en cuenta la limitación del 100 por 100 de los recursos básicos:

20 + 20 + 35 = 75 > 70 sólo se puede alcanzar esta cifra.

De esta manera los RP computables de la Caja ascienden a 140 mm., 70 de carácter básico y otros 70 de segunda categoría.

Al comparar la cifra de RP computables con la mínima exigida, observamos que la entidad muestra una insuficiencia. En efecto,

Déficit de RP = RP computables – RP exigidos = 140 – 144,640 = – 4.640 millones de ptas.

Así pues la C. A. del Jiloca estaría incumpliendo el coeficiente de solvencia o de RP ya que éste es igual a

$$C_s = \frac{140 - 50}{1.156,6 + 26,4} = \frac{90}{1.183} = 7,61\ \%$$

inferior al 8 por 100 exigido.

6. La reestructuración del activo tiene por objeto la sustitución de partidas con alta ponderación por otras con menor exigencia de RP. En efecto, la reducción de 500 mm. en inversiones crediticias y valores del sector privado supone una reducción, en términos de RP, de:

500 mm × 8 % = 40 mm. de ptas.

A cambio, las nuevas inversiones implican los incrementos siguientes:

	Cuantía	*Ponder.*	*A. R.*[15]
— Intermediarios financieros	100	20%	20
— Préstamos hipotecarios sobre viv.	300	50%	150
— Comunidad Autónoma de Aragón:			
• Deuda Pública emitida con autorización del Estado	50	0%	0
• Otros activos	50	20%	10
TOTALES	500		180

Aplicando el coeficiente al incremento:

180 mm × 8 % = 14.400 millones de ptas.

La exigencia de recursos propios se habría minorado en: 40 – 14,4 = 25.600 millones de ptas. y, por tanto, el nivel de RP necesarios queda ahora fijado en 119.040 mm. = 144.640 – 25.600.

La reestructuración llevada a cabo en el activo permite a la C. A. del Jiloca cumplir sobradamente el coeficiente de solvencia con los mismos RP, mostrando ahora un excedente de:

140.000 – 119.040 = 20.960 millones de ptas.

7. En síntesis y prescindiendo de los períodos de adaptación previstos en la normativa sobre concentración de riesgos, la regulación en esta materia establece, en primer lugar, el concepto de «gran riesgo» que define como el contraído con una persona, entidad o grupo siempre que supere el 10 por 100 de los recursos propios de la entidad de crédito prestamista o de su grupo consolidable. En segundo término fija dos importantes limitaciones:

---

15 Activos de riesgo.

1. Los riesgos sobre una persona, entidad o grupo nunca pueden superar el 25 por 100 de los RP del prestamista o el 20 por 100 cuando exista una relación de control sobre el prestatario y

2. La suma de todos los grandes riesgos no podrá exceder de ocho veces los RP de la entidad de crédito o de su grupo consolidable.

En el ejercicio propuesto todos los préstamos, créditos y adquisición de valores reseñados constituyen grandes riesgos ya que superan el 10 por 100 (2.000 millones de ptas.) de los RP del Banco Onza.

En relación con la primera limitación, debemos señalar que el Banco esta incumpliéndola en dos casos. El primero es con Couso S. A. ya que al tener préstamos por importe de 6.000 millones de ptas. supera el 25 por 100 de los RP (5.000 millones), máximo permitido. También se ha excedido con Carramarro, con el que no debía haber sobrepasado el 20 por 100 (4.000 m.), dada la relación de control que mantiene sobre él.

Para conocer la situación respecto a la segunda deberemos proceder a sumar los grandes riesgos para comprobar que no excedan de ocho veces los RP, es decir, de 160.000 millones.

El primer bloque de préstamos asciende a 29.900 millones, los créditos suman 100.000 y los valores 30.000. Todo ello supone un total de 159.900 millones. Por tanto, el Banco Onza está cumpliendo con esta segunda limitación.

De lo anterior se desprende que el préstamo de 4.000 m. a Lideira no podrá concederse si se quiere respetar la normativa, ni siquiera una cantidad menor siempre que se considere gran riesgo, ya que sobrepasaría el límite establecido. Sin embargo, el Banco si puede mantener activos con esa sociedad en tanto no alcancen los 2.000 m., cifra a partir de la cual entraría en la categoría de gran riesgo.

De acuerdo con los supuestos anteriores, la cuantía máxima del préstamo ascenderá a 1.999.999.999 de ptas.

8. El Banco Cies, al tener un déficit de recursos propios superior al 20 por 100 (8% – 20% × 8% = 6,40%), deberá modificar su distribución de beneficios destinando la totalidad de ellos a reservas.

El Banco Ons, al mantener un déficit de RP inferior al 20 por 100, tendrá que someter la propuesta al Banco de España, quien determinará el porcentaje mínimo de dotación a reservas, en ningún caso inferior al 50 por 100. Como el proyecto de aplicación presentado cumple esta condición, bien podría suceder que la Autoridad supervisora lo aceptara.

El Banco Sálvora, al cumplir el coeficiente de solvencia, puede decidir libremente la distribución de beneficios que considere conveniente y, por tanto, la aplicación reseñada es totalmente correcta[16].

---

[16] Sin embargo las Cajas de Ahorros, aunque cumplan con el coeficiente de solvencia, deberán destinar a reservas un porcentaje no inferior al 50 por 100 del beneficio ordinario.

TEMA 8:
Banca, Cajas de Ahorros y Cooperativas de Crédito

PRUEBA OBJETIVA

1. *c)*
2. *d)*
3. *b)*
4. *d)*
5. *c)*
6. *c)*
7. *c)*
8. *c)*
9. *c)*

TEMA 9:
Otros intermediarios financieros

PRUEBA OBJETIVA

1. *d)*

2. *c)*

3. *d)*

4. *b)*

TEMA 10:
Mercado de capitales

PRUEBA OBJETIVA

1. *c)*
2. *d)*
3. *d)*
4. *c)*
5. *d)*
6. *b)*
7. *b)*
8. *a)*
9. *d)*
10. *b)*
11. *d)*

EJERCICIOS

1.

1.1. Los futuros financieros tienen unos nominales y vencimientos estandarizados. En el caso concreto del IBEX-35 el nominal en pesetas se obtiene multiplicando el índice pactado por 100. En el ejercicio, el importe de cada contrato es igual a 400.000 ptas. (4.000 × 100) y el total de la operación asciende a 400 millones de ptas. (resultado de multiplicar las 400.000 ptas. por los 1.000 contratos).

Debe tenerse presente, como norma general, que los contratos a plazo se liquidan al vencimiento de acuerdo con las condiciones pactadas y, consecuentemente, no es preciso el pago por adelantado. Sin embargo, una peculiaridad de los futuros es que la Cámara de Compensación, que se interpone entre comprador y vendedor, liquida diariamente las diferencias entre el precio contratado y el vigente en el mercado.

1.2. Una de las características del contrato sobre el IBEX-35 es que se liquida por diferencias, es decir, que el vendedor no entrega el activo subyacente ni el comprador el importe total pactado, sino que el beneficiado en la operación recibe del perjudicado la diferencia entre el valor de mercado de los contratos y la cuantía inicial acordada.

De acuerdo con ello, el resultado final de la operación, equivalente a la suma de las liquidaciones diarias de la Cámara, será el siguiente para VEDRÁ S.A.:

Valor del contrato en el mercado = 4.400 × 100 = 440.000 ptas.

Total de la operación = 440.000 × 1.000	= 440.000.000
menos importe operación pactada	= – 400.000.000
Beneficio de la operación para VEDRA	= 40.000.000

Por tanto, ESPALMADOR, perjudicado en la operación, habrá abonado a VEDRÁ, en las correspondientes liquidaciones diarias, los 40 millones de ptas. anteriormente citados.

Como es lógico, la cifra final percibida por VEDRÁ o pagada por ESPALMADOR vendrá reducida o incrementada, respectivamente, con las comisiones y gastos cargados por los miembros que operan en el mercado MEFF Renta Variable.

2. En este caso, el índice IBEX-35 ha caído a 3.800 y por tanto, el valor de mercado de los mil contratos baja a 380 millones de ptas.

En las correspondientes liquidaciones diarias VEDRA habrá abonado a ESPALMADOR 20 millones de ptas., diferencia entre el precio de mercado del contrato al vencimiento y el pactado inicialmente:

380.000.000 – 400.000.000 = – 20 millones de ptas.

3. Inicialmente conviene aclarar que el tipo de ejercicio de las opciones sobre acciones es americano[17], es decir, pueden ser ejercitadas en cualquier momento y no necesariamente a su vencimiento.

En el caso propuesto, TAGOMAGO ejerce el derecho que le otorga la opción cuando ha transcurrido la mitad del plazo establecido. De esta forma, el BANCO DE LOS FREUS queda obligado a vender las 100.000 acciones de REPSOL a 4.000 ptas c/u. aunque el mercado las cotice a 4.600.

El resultado de la operación para las dos entidades es el siguiente:

TAGOMAGO ha pagado al citado Banco, en el momento de la adquisición de la opción, una prima de 10 millones de ptas., correspondientes al 2,5 por 100 sobre 400 millones de ptas. (100.000 acciones × 4.000 ptas.).

En el momento de ejercitar la opción abonará al citado Banco 400 millones de ptas. y éste le entregará las 100.000 acciones de REPSOL.

Por tanto, TAGOMAGO ha pagado al Banco una suma

---

[17] Por el contrario, las opciones sobre el IBEX-35 son de tipo europeo.

total de 410 millones habiendo recibido a cambio acciones con un valor en el mercado de 460 millones (100.000 × 4.600). La contratación de la opción le ha supuesto unos beneficios de 50 millones (460 – 410).

Por el contrario, para el BANCO DE LOS FREUS la operación le ha reportado unas pérdidas de 50 millones, resultado de entregar acciones por importe de 460 millones y haber percibido a cambio 400 más 10 de prima.

4. En este caso, TAGOMAGO no ejercitará la opción ya que pagaría por las acciones de REPSOL un precio muy superior al establecido en el mercado (4.000 frente a una cotización de 3.500). Si deseara adquirirlas acudiría directamente a éste.

El coste de la operación para esta entidad sería exclusivamente la prima abonada, es decir, 10 millones de ptas. y el desembolso total ascendería a 360 millones (100.000 acciones × 3.500 ptas c/u + 10 millones de la prima).

Para el BANCO DE LOS FREUS la venta de la opción le ha reportado unos beneficios de 10 millones correspondientes al importe de la prima percibida.

Los ejercicios anteriores nos permiten obtener dos conclusiones:

a) El poseedor de una opción de compra no la ejercitará en tanto el precio establecido en la opción sea superior al precio de mercado. Cuando ambos se igualen le resultará indiferente acudir al mercado o exigir el cumplimiento del contrato. Finalmente, éste se ejercitará cuando el precio en el mercado esté por encima del estipulado en la opción.

Puede afirmarse, por tanto, que el comprador de una «call» se asegura un precio máximo, el de ejercicio de la opción, ya que si el mercado le ofrece uno menor acudirá a él.

b) El adquirente de una «call» perderá la prima cuando el precio de ejercicio de la opción sea superior al vigente en el mercado, pérdida que se irá amortizando a medida que éste vaya superando a aquél y, a partir del momento en el que el precio de mercado cubra totalmente la prima, comenzará a obtener beneficios paulatinamente crecientes.

De lo anterior se desprende que el contrato de opción, al contrario que el de futuros, es asimétrico ya que la máxima pérdida para el adquirente es la prima, mientras que los beneficios posibles son ilimitados. La situación para el vendedor de la opción es justamente la opuesta: frente a unos ingresos asegurados por el cobro de la prima, las pérdidas que puede sufrir —su exposición al riesgo— no tienen límites.

5. En este ejercicio partimos de la adquisición de una opción de venta por TAGOMAGO al BANCO DE LOS FREUS tomando en consideración dos supuestos:

a) el precio de ejercicio es de 4.000 ptas. y las acciones de REPSOL cotizan a 4.600.

Mediante la opción, TAGOMAGO se asegura inicialmente un precio mínimo que no ejercitará dado que el mercado le ofrece mejores condiciones —venderá las REPSOL a 4.600 en vez de a 4.000 que es lo que se había obligado a pagar el Banco—. Para la primera sociedad, la diferencia entre haber suscrito o no una «put» se traduce en unos menores ingresos derivados del pago de la prima —10 millones de ptas.

El Banco, por su parte, al no exigírsele el cumplimiento del contrato habrá obtenido un beneficio igual a esa misma cifra y por similar concepto.

b) El precio de ejercicio es de 4.000 ptas. y la cotización del mercado de 3.500.

TAGOMAGO se dirigirá al Banco y ejercitará la opción adquirida ya que el precio de las REPSOL en el mercado está por debajo del pactado en el contrato.

El resultado de la operación para TAGOMAGO, en términos de haber suscrito o no el contrato de opción, asciende a 40 millones de ptas., correspondientes al abono por el Banco de la diferencia entre el precio de ejercicio y el de mercado multiplicado por el número de acciones [100.000 (4.000 – 3.500) = 50 millones], deducidos los 10 de la prima.

Para el BANCO DE LOS FREUS, haber firmado este contrato le ha supuesto pérdidas por importe de 40 millones (los 50 que ha tenido que abonar de más, menos los 10 de la prima).

BIBLIOGRAFIA

AFI (ANALISTAS FINANCIEROS INTERNACIONALES) (1994): *Guía del Sistema Financiero Español,* Madrid, CECA.

CUERVO, A.; RODRÍGUEZ SAIZ, L.; PAREJO, J. A. y CALVO, A. (1995): *Manual de Sistema Financiero Español,* octava edición, Barcelona, Ariel.

PELLICER, M. (1992): *Los mercados financieros organizados en España,* Madrid, Banco de España, Estudios Económicos núm. 50.